Diario de un Creyente

Diario de un Creyente

REFLEXIONES DE TRANSFORMACIÓN

Dayanara

XULON PRESS

Xulon Press
2301 Lucien Way #415
Maitland, FL 32751
407.339.4217

www.xulonpress.com

© 2022 by Dayanara

Todos los derechos reservados exclusivamente por el autor. El autor garantiza que todos los contenidos son originales y no infringen los derechos legales de cualquier otra persona o trabajo. Ninguna parte de este libro puede ser reproducida en cualquier forma sin el permiso del autor. Las opiniones expresadas en este libro no son necesariamente las de Xulon Press.

Al menos que se indique lo contrario, citas bíblicas con tomadas de la Versión Reina-Valera 1960 © Sociedades Bíblicas en América Latina, 1960. Renovado © Sociedades Bíblicas Unidas, 1988.

Impreso en los Estados Unidos de América

Paperback ISBN-13: 978-1-6628-4102-6
Ebook ISBN-13: 978-1-6628-4103-3

Obsequio a:

_____

De:

_____

Con motivo de:

_____

Fecha

_____

Proverbios 4:18 / Reina-Valera 1960 (RVR1960)
Mas la senda de los justos es como la luz de la aurora,
Que va en aumento hasta que el día es perfecto.

Dedicatoria

A Dios por su infinita inspiración y ayuda.

A mi esposo Juan Luis, por su apoyo incondicional a mis sueños.

Introducción

Hace diez años atrás inicié mi relación con Dios. Lo había aceptado como mi Salvador mucho tiempo atrás, pero no le conocía y mucho menos tenía una relación personal con Dios. Siguiendo el ejemplo de mi hija mayor y mi hambre de conocer a Dios, comencé a leer la Biblia y escribir reflexiones de lo que leía.

Dios escucha y responde a nuestras oraciones, como dice su Palabra: "Clama a mí y Yo te responderé" (Jeremías 33:3). Poco a poco empezó a guiarme, a hablarme por medio de su Palabra, Presencia, alabanzas, predicaciones, sueños y hasta dictados. Cada respuesta fue escrita en mis diarios, que se convirtieron en refrigerio para mi alma sedienta de Dios.

Profundizando en mi relación con Dios se multiplicaban sus respuestas, al igual que mis

Dayanara

diarios. Mi vida estaba siendo transformada con su sabiduría y guía. Entendí que las respuestas que recibía no eran para mí, sino que eran también para otros. Que no eran sólo para mi bendición.

Así nace en mí la inquietud de escribir un libro devocional de mis diarios como testigos silentes de la transformación que Cristo hizo en mí. Dios habló a mi vida de distintas maneras, las que están impregnadas en este libro devocional. Con cada reflexión, Dios me habló con su Palabra, con la letra de canciones inspiradas por Él y con las experiencias de la vida misma. Todo ha sido parte fundamental de mi continuo proceso de santidad. Cada reflexión es un paso más de cambio y madurez espiritual.

Diario de un Creyente es una exhortación para buscar de Dios y conocerle cada día más. Para cultivar nuestra relación con Dios con la oración, la alabanza y la lectura de su Palabra. En este libro encontrarás lo que necesitas para iniciar esa relación de transformación con Dios. Cada reflexión incluye unos versículos bíblicos relacionados a la misma, una frase para meditar en los atributos y obras de Dios, y una alabanza para glorificarle en ese momento a solas. Espero que este libro sea una experiencia de encuentro con Dios, de fuerzas renovadas y conocimiento del Señor. ¡Deléitate en la experiencia de conocerle!

Conócelo

Pequeñas conversaciones

Proverbios 3:6 / Nueva Versión Internacional (NVI)
"Reconócelo en todos tus caminos,
y él allanará tus sendas."

Hace mucho tiempo sabía de Dios, pero no conocía de Dios y me topé con este versículo cuando apenas comenzaba a aprender a estudiar su Palabra.

Me llamó la atención que dice *todos*, no *algunos*, sino *todos* tus caminos y Él enderezará tus veredas. Supe en ese momento que Dios no estaba solamente en la tempestad cuando solemos buscarlo, sino que estaba presente en cada detalle de mi existencia. En cada detalle de nuestra existencia. Así lo hallé en momentos de pequeñas dificultades y comencé a tener pequeñas conversaciones con Dios.

"Señor. el carro no quiere encender. Ayúdame a que encienda". "Dios, no encuentro mis llaves. Ayúdame a encontrarlas". "Dios, ¿pudieras detener la lluvia un momentito, hasta que llegue a la tienda? No tengo paraguas". Suenan como nimiedades, detalles sin importancia, pero incluir a Dios en mis detallitos me ayudó a afianzar mi confianza y mi relación de amistad con Dios. Así, según su voluntad, encontraba mis llaves, mi carro encendía, y llegaba seca a la tienda.

Dios cuida de sus hijos. Está presente en el día ligero como en el día difícil, y Él desea que disfrutes de su compañía y que necesites su presencia. Clama a Él en momentos de enfermedad, tristeza, ansiedad y desánimo. Hazlo partícipe de tus triunfos y alegrías. Reconócelo en los pequeños y grandes detalles del diario vivir. Allí Él quiere estar. El Espíritu Santo guiará tus caminos y enderezará tus veredas por el Hijo, hacia el Padre Celestial.

Meditad: Dios está conmigo en cada momento.

Alabadle: "Dios está aquí" interpretado por Lucia Parker de la producción *Rey de mi Universo* (2014).

Escrito está:

Jeremías 23:23-24 / Reina-Valera 1960 (RVR1960)
"¿Soy yo Dios de cerca solamente, dice Jehová, y no Dios desde muy lejos?

¿Se ocultará alguno, dice Jehová, en escondrijos que yo no lo vea? ¿No lleno yo, dice Jehová, el cielo y la tierra?"

Hechos 17:27 / Reina-Valera 1960 (RVR1960)
"para que busquen a Dios, si en alguna manera, palpando, puedan hallarle, aunque ciertamente no está lejos de cada uno de nosotros."

Salmos 145:18 / Nueva Versión Internacional (NVI)
"El Señor está cerca de quienes lo invocan de quienes lo invocan en verdad."

En grande

Efesios 3:20 / Nueva Versión Internacional (NVI)
"Al que puede hacer muchísimo más que todo lo que podamos imaginarnos o pedir, por el poder que obra eficazmente en nosotros,"

Meditando en la Palabra de Dios, me admiro de su grandeza. Como dicen que Texas todo lo hace a lo grande, en Puerto Rico sería el pueblo de Bayamón. En el Espíritu, Dios todo lo da en grandes proporciones.

Dios es todo; es grande en nuestras vidas. Con Dios tenemos más que inteligencia — tenemos sabiduría. Con Dios tenemos más que alegría — tenemos gozo. Nos da fortaleza, fuerza como la del búfalo (Salmos 92:10) y su paz sobrepasa todo entendimiento (Filipenses 4:7). No nos cura. Él nos da sanidad verdadera, es el médico por excelencia y nos sana el espíritu, el alma y el cuerpo. Aunque en Él y por Él tendremos aflicción, no seremos derrotados. En Dios no hay derrotas, solo victorias, sin importar las circunstancias.

Su amor no tiene medida; es infinito. Va más allá de lo ancho y de lo más profundo.

Su perdón va más allá del este o del oeste, de la extensión de sus manos en la cruz del Calvario. Sus misericordias son nuevas cada día.

La Tierra es estrado a sus pies (Isaías 66:1), su mano de absoluto poder. El autor de nuestros días está más allá de nuestro entendimiento — inigualable, inimaginable, admirable, consejero, Dios fuerte, Padre Eterno y Príncipe de Paz.

Cuán grande es nuestro Dios y cuán grande son sus obras. Descansa en su poder y grandeza. ¡No me canso de alabarle!

Meditad: Dios es grandioso.

Alabadle: "Cuan grande es Dios" interpretada por En Espíritu y en Verdad de la producción *Glorioso Rey* (2007).

Dayanara

Escrito está:

1 Crónicas 16:25 / Nueva Versión Internacional (NVI)
"Porque el Señor es grande,
y digno de toda alabanza;
¡más temible que todos los dioses!"

Jeremías 10:6 / Nueva Versión Internacional (NVI)
"¡No hay nadie como tú, Señor!
¡Grande eres tú,
y grande y poderoso es tu nombre!"

Mateo 5:35 / Reina-Valera 1960 (RVR1960)
"ni por la tierra, porque es el estrado de sus pies;
ni por Jerusalén, porque es la ciudad del gran Rey

Completos en Dios

Una mañana, me levanté con este mensaje. Nunca me había pasado que Dios se comunicara conmigo de esta manera. Fue una mañana gloriosa y muy especial para mí. Dios estaba dictando en mi mente su mensaje. Esta era su respuesta a una de mis tantas preguntas. Así que tomé el celular y comencé a escribir. Este es el mensaje, el cual atesoro y no hay nada que añadir a su Palabra.

Colosenses 2:10 / Reina-Valera 1960 (RVR1960)
"y vosotros estáis completos en él, que es la cabeza de todo principado y potestad."

"Todo aquel que me conoce necesita estar en contacto conmigo. De ahí viene ese anhelo. El Espíritu que vive en ti necesita ese contacto, esa conexión porque dejas de ser solo mi creación, pasas hacer mi hijo. ¿Qué hijo que ame a su padre

Dayanara

no quiera habitar con Él? Cuando te acercas, tu vínculo conmigo es mayor. Mientras más me conoces más deseas esa comunión, porque mi amor no duele; mi amor es incondicional y perfecto. Mi fidelidad es incomparable y perfecta. No hay maldad en mí. Yo prometí a mis hijos que nunca los abandonaría y mis promesas son irrevocables. ¿Ves sabiduría en esto?

Cuando una pareja se separa y se destruye, me causa mucho dolor porque Yo la uní. Has experimentado ese dolor, ese vacío, ese hueco en el corazón. No es amor; es desamor. Piensan que no pueden vivir sin esa persona que los hirió; el tiempo sana ese vacío. Mi amor no causa vacíos, sino llenura del espíritu. Si me dejas, el tiempo no cura ese dolor, solo Yo y solamente Yo, tu Dios lo sano.

El que me conoce no conoce el desamor, Yo soy el amor, soy incapaz de no amarte. Tal como eres te recibo y quiero lo mejor para ti. Mis planes son sabios, mis planes son para el bien de los que me aman.

El vacío lo sientes cuando pierdes esa conexión y te dejas llevar por el pecado. Porque te apartas lentamente de mi Presencia, sufro ese dolor tantas veces. El rechazo de mis hijos me duele. Mi Hijo lo sufrió en la cruz; aun así, se sacrificó por ustedes porque los ama tanto. No podía estar sin ese contacto; amamos tanto nuestra creación. El Hijo del Hombre venció y todo cambió. Nuestra unión es mutua, nuestra conexión es mutua — son mi imagen y semejanza. ¿Ves sabiduría en esto? ¿Ves y sientes cuanto te amo?"

Meditad: Dios llena mis vacíos.

Alabadle: "Completo en ti" interpretada por Sheila Romero junto a Blest de la producción *En tus Manos* (2009).

Escrito está:

Salmos 63:1 / Reina-Valera 1960 (RVR1960)
"Dios, Dios mío eres tú;
De madrugada te buscaré
Mi alma tiene sed de ti, mi carne te anhela,
En tierra seca y árida donde no hay aguas"

Juan 1:16-17 / Reina-Valera 1960 (RVR1960)
"Porque de su plenitud tomamos todos, y gracia sobre gracia. Pues la ley por medio de Moisés fue dada, pero la gracia y la verdad vinieron por medio de Jesucristo."

Efesios 3:19 / Reina-Valera 1960 (RVR1960)
"...y de conocer el amor de Cristo, que excede a todo conocimiento, para que seáis llenos de toda la plenitud de Dios."

Gadgets

2 Corintios 9:8 / Reina-Valera 1960 (RVR1960)
"Y poderoso es Dios para hacer que abunde en vosotros toda gracia, a fin de que, teniendo siempre en todas las cosas todo lo suficiente, abundéis para toda buena obra."

Dios te provee lo que necesitas. Si bien es cierto que la vida es una de incontables batallas, a las cuales los creyentes no están ajenos, también es cierto que las luchas y batallas que tenemos con Dios a nuestro lado, el General de 4 estrellas, son mucho más llevaderas. Él, quien te conoce desde el vientre de tu madre, el que sabe tus necesidades, sabe lo que necesitas y cuándo lo necesitas.

Es parecido a la película de James Bond o *Mission Impossible*, donde la creatividad de sus científicos ofrece lo mejor de sus inventos y equipo a sus agentes. Dios, con su Espíritu, nos equipa con dones espirituales que están a nuestro alcance si lo pedimos y necesitamos. Él te da fortaleza en la pérdida, te da paz en momentos de angustia, sabiduría para obrar en medio de los conflictos, piedad con el necesitado, amor al prójimo.

Con Él conseguimos estos dones, los *gadgets* [aparatos] para nuestra Misión No Imposible, porque nada es imposible para Dios. Escuchando la predicación "Shield of Faith" de Joyce Meyer (2013), aprendí que son la alabanza, oración y conocimiento del Padre las acciones que te proveen lo que necesitas por obra de Su gracia. Meyer decía: "No salgas sin tu armadura a la calle, no salgas sin orar, no salgas sin buscarle, no salgas sin darle gracias, no salgas sin alabarle. No dejes ninguna parte de tu armadura para la batalla de la vida."

Meditad: Dios suple lo que necesitas.

Alabadle: "Nada es imposible" interpretada por Marcos Barrientos de la producción *Ilumina* (2012).

Escrito está:

Filipenses 4:19 / Reina-Valera 1960 (RVR1960)

"Mi Dios, pues, suplirá todo lo que os falta conforme a sus riquezas en gloria en Cristo Jesús."

Gálatas 5:22-23 / Reina-Valera Valera (RVR1960)
"- Mas el fruto del Espíritu es amor, gozo, paz, paciencia, benignidad, bondad, fe, mansedumbre, templanza; contra tales cosas no hay ley."

Lucas 12:30 / Reina-Valera 1960 (RVR1960)
"Porque todas estas cosas buscan las gentes del mundo; pero vuestro Padre sabe que tenéis necesidad de estas cosas."

Consuelo

*Deuteronomio 29:29 /
Reina-Valera 1960 (RVR1960)
"Las cosas secretas pertenecen a Jehová
nuestro Dios; mas las reveladas son para
nosotros y para nuestros hijos para siempre,
para que cumplamos todas las palabras
de esta ley."*

Dos eventos me llevaron a reflexionar sobre la vida y la muerte. Ambos eventos fueron causados por un olvido. Uno terminó en vida y otro en muerte que causó mucho dolor. En medio de mis cuestionamientos del porqué ambas situaciones similares terminaron de manera diferente, Dios me llevó a la siguiente respuesta: *No todo te será revelado.*

Los propósitos de Dios son perfectos, pero mucho de lo que Dios permite o hace, no tiene una explicación de momento o no es hora de entenderlo. No es momento de entender, sino de aceptar. No es la respuesta o la explicación del por qué nos ocurren estas cosas lo importante, sino nuestra reacción al evento. En la aflicción, nos aferramos o nos apartamos. Le echamos culpa de lo que nos sucede de nuestro sufrimiento o nos refugiamos para encontrar consuelo en Él que todo lo ve.

Son estos momentos de dificultad, de aflicción y de dolor inimaginable la ocasión de encuentro con nuestro Salvador. Le preguntamos, "¿Por qué a mí?" y oímos en el sonido del silencio, el susurro de su voz: *"Estoy aquí te abrazo fuerte, en mi presencia tienes paz, te doy fuerzas para seguir. No sigas luchando contra la corriente, no te ahogues en la soledad de tu dolor solo. Búscame, persevera, refúgiate en mí."*

Meditad: Dios es nuestro consolador.

Alabadle: "Aún en medio del dolor" interpretada por TWICE, traducción oficial en español Hillsong United (2015).

Escrito está:

Salmos 34:18 / Nueva Versión Internacional (NVI)
"El Señor está cerca de los quebrantados de corazón,
y salva a los de espíritu abatido."

Habacuc 3:17-18 / Reina-Valera 1995 (RVR1995)
"Aunque la higuera no florezca
ni en las vides haya frutos,
aunque falte el producto del olivo
y los labrados no den mantenimiento,
aunque las ovejas sean quitadas de la majada
y no haya vacas en los corrales,
con todo, yo me alegraré en Jehová, me gozaré en el Dios de mi salvación."

Salmos 71:20-21 / Reina-Valera 1960 (RVR1960)
"Tú, que me has hecho ver muchas angustias y males, Volverás a darme vida,
Y de nuevo me levantarás de los abismos de la tierra.
Aumentarás mi grandeza,
Y volverás a consolarme."

Cercanía

Levítico 14:1-3 / Reina-Valera 1960 (RVR1960)
"Y habló Jehová a Moisés, diciendo:
Esta será la ley para el leproso cuando se
limpiare: Será traído al sacerdote,
y éste saldrá del campamento y lo examinará;
y si ve que está sana la plaga de la lepra
del leproso."

En Levítico 13 y 14, Dios muestra el proceso con instrucciones específicas del trato que se debía dar a los leprosos. Era un acto de protección y cuidado al resto de su pueblo. Ese leproso era separado, alejado de todos para evitar el contagio.

Dios que era santo, luz alejada de las tinieblas, tenía que poner límites y distancia a la relación con Él. Las personas no podían acercarse a su luz abiertamente; como pecadores eran consumidos por su Poder. Aun así, Moisés pudo tener una relación de amistad con Dios, pero Él anhelaba estar más cerca.

¡Cuán grande es su misericordia! Dios quería más cercanía y menos distancia. Ya no alejaba al leproso, ya no lo apartaba porque en su plan estaba salvarle y sanarle. Lo abrazaba, lo consolaba y sanaba sus llagas. Así también Jesús hace con nosotros, corrompidos con la lepra del pecado, ya no tenemos que alejarnos de su cegadora luz, porque nos hizo parte de ella. Él dio a su Hijo como sacrificio para que pudiéramos acercarnos y vivir en su presencia. Esa distancia ya no existe. Ya nada nos impide acercarnos cada día más a Él en íntima relación. Muchos ya pueden decir que son sus amigos, o mucho más que eso, nos hace parte de su familia, nos adopta como sus hijos/as para que gocemos de una mayor cercanía, de una vida eterna en los atrios de su Reino por la eternidad. ¿Cuántos dicen amén?

Meditad: Dios nos invita a acercarnos más a Él.

Alabadle: "Cerca Estás" interpretada por Marcela Gándara de la producción *Cerca Estás* (2017).

Escrito está:

Génesis 3:9 / Nueva Versión Internacional (NVI)
"Pero Dios el Señor llamó al hombre y le dijo: ¿Dónde estás?"

Deuteronomio 4:7 / Reina-Valera 1960 (RVR1960)
"Porque ¿qué nación grande hay que tenga dioses tan cercanos a ellos como lo está Jehová nuestro Dios en todo cuanto le pedimos?"

Lucas 5:12-16 / Reina-Valera 1960 (RVR1960)
"Sucedió que estando él en una de las ciudades, se presentó un hombre lleno de lepra, el cual, viendo a Jesús, se postró con el rostro en tierra y le rogó, diciendo: Señor, si quieres, puedes limpiarme. Entonces, extendiendo él la mano, le tocó, diciendo: Quiero; sé limpio. Y al instante la lepra se fue de él."

En la espera

Salmos 27:13-14
"Hubiera yo desmayado, si no creyese que veré la bondad de Jehová En la tierra de los vivientes. Aguarda a Jehová; Esfuérzate, y aliéntese tu corazón; Sí, espera a Jehová."

¿Cuántas veces nos hemos levantado temprano para ir al médico porque atiende por orden de llegada? Queremos tener el número menor en la lista para salir temprano, pero eso no nos evita largas horas de espera sin saber del médico, ni el médico de nosotros.

En el cielo tenemos un médico por excelencia — un sanador, un redentor, un padre, un amigo, un libertador — y para comunicarnos con Él no necesitamos un número, ni estar en una lista de espera. Él escucha todas nuestras peticiones y está obrando para nuestro bien, aunque en ocasiones no lo sintamos y no escuchemos de Él, pensando que está distante. Su espera es distinta a la del médico; es una espera de fe, es una espera en alerta, pero con la confianza de que aún en el silencio Él está obrando.

En el doctor, esperamos. Estamos alerta a que nos llamen por nuestro nombre y el médico tenga nuestro expediente. Con nuestro Dios, si hemos aceptado a Jesús como nuestro Salvador, ya hemos sido llamados y escogidos, y no tenemos necesidad de que vea nuestro expediente. Él nos conoce, sabe lo que necesitamos y nuestras peticiones ya están en sus manos, si ponemos nuestra confianza en Él.

Su contestación puede ser inmediata y a veces tenemos que esperar, pero mientras esperamos debemos estar alerta, en oración, alabanza y ruego. Si le dejamos nuestras peticiones a Él, debemos de confiar en que Él está trabajando y que sus planes para nuestra vida son muchos mejores que los nuestros, aunque a veces su contestación sea "no". Recuerden, todo tiene un propósito y Dios ve la vida desde una perspectiva mucho más grande. Él ya sabe las consecuencias de nuestras peticiones. Confiemos.

En cualquier situación que estés — sea de enfermedad, económica, trabajo o relacional — recuerda que Dios está en control. Ya Dios escuchó tu petición, ya está en sus manos, ten fe, continua en oración. Todo obrará para bien.

Meditad: Dios está obrando en la espera.

Alabadle: "Él Abre Puertas" interpretado por Lourdes Toledo junto a René González de la producción Él Abre Puertas (2017).

Escrito esta:

Salmos 130:5 / Nueva Versión Internacional (NVI)
"Espero al Señor, lo espero con toda el alma;
en su palabra he puesto mi esperanza."

Miqueas 7:7 / Reina-Valera 1960 (RV1960)
"Mas yo a Jehová miraré, esperaré al Dios de mi salvación; el Dios mío me oirá."

Romanos 8:28 / Reina-Valera 1960 (RV1960)
"Y sabemos que a los que aman a Dios, todas las cosas les ayudan a bien, esto es, a los que conforme a su propósito son llamados."

Un tiempo de quietud

Salmos 46:10 / Reina Valera 1960 (RVR1960)
"Estad quietos, conoced que yo soy Dios;
Seré exaltado entre las naciones, enaltecido
seré en la tierra."

Muchas veces en nuestro diario vivir estamos con un *to do list* o lista de quehaceres integrado en nuestra cabeza. A veces son tantas las cosas de las que nos debemos de ocupar que nos estresamos y frustramos cuando por alguna circunstancia no podemos cumplir con nuestras agendas. En la Biblia, Dios quien nos conoce tan bien, nos recuerda en innumerables ocasiones que confiemos en Él y le dejemos nuestras cargas.

Hoy vuelvo a recibir con necesidad ese mismo mensaje y si estás leyendo estas palabras puede ser que también necesites escucharlo. Jesús no es ajeno a la vida humana, nuestra vida. Dice en su Palabra que la gente que escuchaba sobre sus milagros estaba desesperada por conocerle. Le seguían a todas partes, y ciertamente Jesús estaba muy ocupado. Aun así, Jesús tenía la solución a esa situación que acontecía junto a sus discípulos. Por medio de su Palabra, esa solución de estar falto de tiempo y siempre ocupado está escrita de forma perpetua para todos nosotros. Marcos 6:31 dice: "Venid conmigo a un lugar apartado y descansen"

Nada más directo que esto. A veces hay tantas cosas ocurriendo a tu alrededor que la respuesta más lógica no pasa por tu mente. DETENTE Y DESCANSA. Pero Jesús, el príncipe y dador de toda paz, nos dice: "VEN CONMIGO, DETENTE Y DESCANSA EN MI". Jesús, el que caminó por las aguas tempestuosas para encontrarse con sus discípulos calmando la tempestad; se quiere encontrar contigo y conmigo. Recordándonos que en la peor de las circunstancias Él esta y te dice: "Ten ánimo, soy Yo, no temas" (Marcos 6:50).

Hagamos como David en el Salmo 25. Dirijámonos en oración a Dios y pongamos nuestra confianza en Él en todo y a todas horas. Vivamos junto a Él tiempos de quietud.

Diario de un Creyente

Meditad: Dios sostiene mis días.

Alabadle: "Eres mi respirar" interpretado por Blest de la producción *Salmos, Himnos y Canciones* (2007).

Escrito está:

Marcos 6:31 / Nueva Versión Internacional (NVI)
"Y, como no tenían tiempo ni para comer, pues era tanta la gente que iba y venía, Jesús les dijo: —Vengan conmigo ustedes solos a un lugar tranquilo y descansen un poco."

Salmos 55:22 / Reina-Valera 1960 (RVR1960)
"Echa sobre Jehová tu carga, y él te sustentará; No dejará para siempre caído al justo."

Juan 14:27 / Reina-Valera 1960 (RVR1960)
"La paz os dejo, mi paz os doy; yo no os la doy como el mundo la da. No se turbe vuestro corazón, ni tenga miedo."

El mejor de los peros

Regularmente asociamos la palabra "PERO" con algo negativo. Muchas veces es una buena noticia acompañada con una condición, notificación o una excusa que no nos va a gustar nada. Por ejemplo, "Mi amor, te traje tu postre favorito, PERO se me olvidó lo que me pediste" (Arghh), o "Mañana vamos al parque acuático, PERO tenemos que levantarnos bien temprano"(Ahhh). Esto por mencionar unos leves, aunque sé que hay "PEROS" más terribles. La respuesta automática detrás del "PERO" es una de estrés, desánimo leve o muy intenso.

Pensándolo bien, nunca he escuchado un "PERO" que me haya agradado, hasta hoy. ¿Conocen a David? Él que venció al gigante, el testimonio que ha llenado de esperanza a miles de personas, el mismo que escribió hermosos Salmos a su Nombre. En sus Salmos, aparece el mejor de los "PEROS". Cuando lees el Salmo, notas a un David muy lejos del David confiado que venció al gigante, escuchas a un David afligido, lloroso y temeroso pasando por lo que parece una terrible circunstancia. Es un David terriblemente angustiado, PERO no vencido, ya no le quedan más fuerzas para luchar solo y se rinde al "yo", poniendo su total confianza en el YO SOY.

¿Cuántas veces hemos estado en circunstancias parecidas? Demasiadas, ¿verdad?

Llorosos, temerosos, afligidos, angustiados, preocupados y el adjetivo de moda que los resume a todos: estresados. David nos da de nuevo un testimonio de confianza, nos da un "PERO", que en otras versiones puede ser un "MÁS" que se convierte en una pausa de esperanza. Nos dice que Dios cambia todos esos adjetivos. Dios cambia todas esas circunstancias, si así lo queremos, si así como David le pedimos, y si así confiamos. El mejor de los "PEROS" aún no lo he mencionado, lo dejé para el final. Lee, ora y respira paz, llegó tu esperanza.

Salmo 31:14-15 / Nueva Versión Internacional (NVI)

Dayanara

**"PERO yo, Señor, en ti confío,
y digo: «Tú eres mi Dios.»
Mi vida entera está en tus manos..."**

Él le dio la victoria a David. Él te dará la victoria a ti.

Meditad: Dios transforma nuestras circunstancias.

Alabadle: "El Himno de Victoria" interpretada por Danny Berrios de la producción *Dios cuida de mí* (2000).

Escrito está:

Isaías 43:2 / Nueva Versión Internacional (NVI)
"Cuando cruces las aguas,
yo estaré contigo;
cuando cruces los ríos,
no te cubrirán sus aguas;
cuando camines por el fuego,
no te quemarás ni te abrasarán las llamas."

Jeremías 17:7-8 / Reina-Valera 1960 (RVR1960)
"Bendito el varón que confía en Jehová, cuya confianza es Jehová.
Porque será como el árbol plantado junto a las aguas, que junto a la corriente echará sus raíces, y no verá cuando viene el calor, sino que su hoja

*estará verde; y en el año de sequía no se fatigará,
ni dejará de dar fruto."*

*Salmos 143:8 / Nueva Versión Internacional (NVI)
"Por la mañana hazme saber de tu gran amor,
porque en ti he puesto mi confianza.
Señálame el camino que debo seguir,
porque a ti elevo mi alma."*

Acceso Directo

Mateo 27:50-51 / Reina-Valera 1960 (RVR1960)
"Mas Jesús, habiendo otra vez clamado a
gran voz, entregó el espíritu.
Y he aquí, el velo del templo se rasgó en dos,
de arriba abajo; y la tierra tembló, y las rocas
se partieron."

En Levítico 16, se habla del ritual que tenía que llevar a cabo un sacerdote para no morir ante el poder de su Presencia. Jehová previene a Aarón diciéndole a Moisés qué debe hacer para poder atravesar el velo que lo separa de su Presencia, del lugar santo. Debía limpiar su cuerpo, tener una vestimenta especial, sacrificar un novillo y un carnero para el perdón de sus pecados. Era todo un proceso acercarse a Dios. Nuestra naturaleza pecadora no podía acercarse a Dios, por el hecho de que Él es Santo, es luz y no puede haber tinieblas en Él (1 Juan 1:5).

Dios sigue siendo luz. Dios no cambió, ni cambiará, pero por su gran amor y anhelo de tener una relación con nosotros nos acercó a Él por medio del sacrificio de su propio Cordero, el Cordero de Dios, su Hijo. Todo ese ritual de Aarón para entrar en su Presencia ya no es necesario; es obsoleto. ¡Gracias a Dios! ¿Te imaginas que cada vez que fallaras tuvieras que sacrificar un cordero o una tórtola?

Gracias a Jesús, podemos tener una cercanía con Dios sin tener que hacer todos estos rituales. Podemos sentir su Presencia al orarle, cuando cantamos y alabamos su nombre, al admirar su obra en un paisaje, en la sonrisa de nuestros hermanos, cuando nos habla por medio de su Palabra, en el silbido apacible del viento o cuando la tormenta con sus fuertes vientos nos abate.

Él está presente. Gracias al Cordero de Dios, el velo se rompió y ya nada nos impide su cercanía, ni estar en su Presencia redentora. En este día que tienes de frente, dale gracias a Jesús por su sacrificio; no lo menosprecies. Si en Él crees, déjale tus cargas, tus pecados, y sigue sus caminos de bien. Ya tienes acceso directo por medio de Jesús al Padre que tanto te ama y espera por ti. Ya nada te separa de su infinito amor.

Dayanara

Meditad: Dios busca comunión.

Alabadle: "En la cruz" interpretada por Hillsong Worship de la producción *Con todo* (2010).

Escrito está:

Juan 3:16 / Nueva Versión Internacional (NVI)
"Porque tanto amó Dios al mundo que dio a su Hijo unigénito, para que todo el que cree en él no se pierda, sino que tenga vida eterna."

1 Juan 4:19 / Reina-Valera 1960 (RVR1960)
"Nosotros le amamos a él, porque él nos amó primero."

Hebreos 10:19-22 / Reina-Valera 1960 (RVR1960)
"Así que, hermanos, teniendo libertad para entrar en el Lugar Santísimo por la sangre de Jesucristo, por el camino nuevo y vivo que él nos abrió a través del velo, esto es, de su carne,
y teniendo un gran sacerdote sobre la casa de Dios, acerquémonos con corazón sincero, en plena certidumbre de fe, purificados los corazones de mala conciencia, y lavados los cuerpos con agua pura."

Alfa y Omega

Apocalipsis 1:8 / Reina-Valera 1960 (RVR1960)
"Yo soy el Alfa y la Omega, principio y fin, dice el Señor, el que es y que era y que ha de venir, el Todopoderoso."

De todas las cualidades de Dios, la más que me llena de su paz es la convicción de que Él es el alfa y la omega, el principio y el fin de todo.

Conocer de su Presencia eterna, que estuvo desde la creación de todo. Cuando la Tierra estaba en desorden, vacía, y las tinieblas cubrían toda la superficie, el dador de toda vida hizo la luz, al igual que en nuestras vidas con su luz disipa toda tiniebla de nuestros corazones.

Es el Dios que como el Hijo del Hombre transforma nuestro presente, convirtiendo el pasado en el plan perfecto de redención, con su sangre preciosa limpiándonos de todo pecado. Realmente no lo merecíamos, pero amaba tanto su creación. El mismo que venció la muerte nos mostró con su victoria, las victorias venideras en Él. El Alfa nos dejó su Espíritu para que su luz guiadora brillara en nuestro interior e iluminara nuestros caminos.

El Gran Yo Soy es quien nos prepara ahora para su venida, Él que nos prepara para nuestro omega. El que era, es y será nos prometió que sus palabras no pasarían, que siempre estaría con nosotros y que no nos abandonaría. Cumplió asegurándonos que tiene todo dominio y control, que Jesús vence al mundo. Toda esta verdad está resumida en un párrafo, pero el que sea nuestro redentor sin merecerlo, el ser que más nos ama, no es comparable con la paz que se siente al conocer que es nuestro principio y fin. El autor de nuestra historia, en cuyas manos todo obra para bien.

Meditad: Dios es el autor de nuestros días.

Alabadle: "Yo soy" interpretada por Luis Santiago de la producción *Yo soy* (2001).

Escrito está:

Génesis 1:1-2 / Reina-Valera 1960 (RVR1960)
La creación

*"En el principio creó Dios los cielos y la tierra.
Y la tierra estaba desordenada y vacía, y las tinieblas estaban sobre la faz del abismo, y el Espíritu de Dios se movía sobre la faz de las aguas*

Juan 1:2-3 / Reina-Valera 1960 (RVR1960)
"Este era en el principio con Dios. Todas las cosas por él fueron hechas, y sin él nada de lo que ha sido hecho, fue hecho."

1 Corintios 15:3-5 / Nueva Versión Internacional (NVI)
"Porque ante todo(a) les transmití a ustedes lo que yo mismo recibí: que Cristo murió por nuestros pecados según las Escrituras, que fue sepultado, que resucitó al tercer día según las Escrituras, y que se apareció a Cefas, y luego a los doce."

Anclado

Hebreos 6:19 / Nueva Versión Internacional (NVI)
"Tenemos como firme y segura ancla del alma una esperanza que penetra hasta detrás de la cortina del santuario"

¿Han visto el ancla de un barco? Es realmente enorme, fuerte y firme. Está construida para detener el barco y que este no se vaya a la deriva.

Imaginemos que somos ese barco cargado de pensamientos, preocupaciones, estrés, enfermedad, dolor, tristeza y ansiedad. Suena pesimista, pero hablamos de que está cargado; en los momentos felices vamos usualmente libres de carga. Imagina que ese barco, ya en el muelle, no estuviera seguramente anclado. ¿Cómo estaría? Estaría a la deriva, sin restricciones, perdido en ese ancho y desolado mar. ¿Cómo te sentirías sin esa ancla?

Diario de un Creyente

En nuestras vidas, Dios debe ser esa ancla que nos dé seguridad y donde pongamos nuestra confianza. El capitán del barco puede fallarnos y los tripulantes pueden abandonar el barco; pero nuestro Dios nunca nos falla.

Confiemos en sus promesas que son eternas; nada las quebranta. Él tiene un perfecto plan para nuestras vidas. Dios es el principio y fin, el Alfa y el Omega. Que el fundamento de nuestra vida sea la fe en Dios. Que Él habite, haga morada, en nuestros corazones.

Rindámonos a los pies de su amor y fidelidad. Una y otra vez te ha demostrado que permanece en ti; persevera en Él. Dios es fiel en la tempestad y en la bella calma del mar. Confiad, pues su fidelidad y amor son grandes e incomparables.

Que Él sea tu ancla, tu raíz en las aguas del mar de tu existencia. Él es fiel, siempre fiel.

Meditad: Dios es nuestra ancla, en él estamos seguros.

Alabadle: "Anclado" interpretada por Twice junto a Majo Solís, traducción al español por

Twice de la canción "Anchor" de Bethel Music (2016).

Escrito está:

Marcos 4:38-39 / Reina-Valera 1960 (RVR1960)
"Y él estaba en la popa, durmiendo sobre un cabezal; y le despertaron, y le dijeron: Maestro, ¿no tienes cuidado que perecemos?
Y levantándose, reprendió al viento, y dijo al mar: Calla, enmudece. Y cesó el viento, y se hizo grande bonanza."

Jeremías 17:8 / Nueva Versión Internacional (NVI)
"Será como un árbol plantado junto al agua,
que extiende sus raíces hacia la corriente;
no teme que llegue el calor,
y sus hojas están siempre verdes.
En época de sequía no se angustia,
y nunca deja de dar fruto."

Salmos 1:3 / Nueva Traducción Viviente (NTV)
"Son como árboles plantados a la orilla de un río,
que siempre dan fruto en su tiempo.
Sus hojas nunca se marchitan,
y prosperan en todo lo que hacen."

Jesús en mí

Proverbios 9:10 / Nueva Versión Internacional (NVI)
"El comienzo de la sabiduría es el temor del Señor; conocer al Santo es tener discernimiento."

Leyendo el libro, *Hombre, Mito, Mesías* de Rice Broocks (2016), reflexionaba sobre las dudas que pone el enemigo y las circunstancias en nuestro corazón. Con sus artimañas y trampas, quiere confundir nuestro corazón y mente. El mundo en que vivimos ciertamente no nos ayuda.

Existen personas que han sufrido decepciones en sus iglesias queriendo buscar a Dios y estas decepciones los invitan, los tientan a no creer. Otras personas tienen por trabajo y pasión buscar evidencias de que Jesús es un mito, que no fue real, que es una imitación de otros dioses paganos. Esto a pesar de que hay hechos mínimos en la historia, según Rice Broocks (2016), que evidencian que Jesús existió. Con hechos mínimos, me refiero a la evidencia aceptada de los acontecimientos de la historia de Jesús. Aun así, lamentablemente estas personas continúan en su afán de negarle y hacer que otros crean sus mentiras y falsedad.

Recientemente abrieron la tumba de Jesús para hacer estudios, y sacaron el mármol que cubría el lugar donde el cuerpo de Jesús posaba. Muchas personas estaban a la expectativa de qué estudios se harían y que encontrarían allí. Me preguntaba si estos también serán parte del afán de demostrar que nuestra fe es locura. La resurrección es el fundamento de nuestra fe, pero ningún cristiano necesita evidencia de la existencia y victoria de Jesús en la cruz. La tumba está vacía. Él resucitó. Jesús no es un mito, y no es un cuento de hadas.

La evidencia no la tienen los científicos; la evidencia no la hallas en estudios históricos. La evidencia la tienes frente el espejo todas las mañanas. La evidencia está en ti y en mí.

La evidencia está en que respiramos, nos levantamos de la cama y tocamos el piso frío con nuestros pies. Está en la sonrisa del que pasa, en el sol que sale cada mañana, en el cielo azul, en las montañas, en la oscuridad de la noche y el resplandor de la luna y las estrellas. La evidencia está en su Creación, está en nosotros mismos ¿Crees que existimos por existir?

¿Qué no hay propósito en nuestra existencia? ¿Podremos realmente creer que el aire que respiramos y todo lo que vemos, no lo formó un ser que va más allá de nuestro entendimiento? Todo es tan perfecto.

La evidencia está en ti y en mí, y por mi parte no necesito nada más. Al aceptarle y conocerle, Él cambió mi vida y mi forma de ver las cosas. Él nos recuerda: "*La evidencia está en tu transformación cuando decides creerme. En que tres veces sabes que El Espíritu de mi Hijo vive en tu interior. En que has sentido mi Presencia. En que conoces que, por amor a ti, di la vida de mi Hijo, Jesús. Que no pasó la copa, que la asumió para que pudiéramos tener una relación, sin que repeliera tu pecado. El que me tengas contigo, el que sea tu respirar, el que viva mi Presencia en ti, el que seas mi hijo amado; esa es tu mayor evidencia. Fundamenta tu fe en mí. Permanece, y no dejes de buscarme.*"

Dayanara

Meditad: Dios vive en mí.

Alabadle: "El que resucitó" interpretada por Elevation Worship de la producción *Lo hará otra vez* (2017).

Escrito está:

Marcos 16:6 / Reina-Valera 1960 (RVR1960)
"Mas él les dijo: No os asustéis; buscáis a Jesús nazareno, el que fue crucificado; ha resucitado, no está aquí; mirad el lugar en donde le pusieron."

1 Corintios 15:16-19 / Nueva Versión Internacional (NVI)
"Porque, si los muertos no resucitan, tampoco Cristo ha resucitado. Y, si Cristo no ha resucitado, la fe de ustedes es ilusoria y todavía están en sus pecados. En este caso, también están perdidos los que murieron en Cristo. Si la esperanza que tenemos en Cristo fuera solo para esta vida, seríamos los más desdichados de todos los mortales."

Efesios 2:5-7 / Nueva Versión Internacional (NVI)
"...nos dio vida con Cristo, aun cuando estábamos muertos en pecados. ¡Por gracia ustedes han sido salvados! Y en unión con Cristo Jesús, Dios nos

resucitó y nos hizo sentar con él en las regiones celestiales, para mostrar en los tiempos venideros la incomparable riqueza de su gracia, que por su bondad derramó sobre nosotros en Cristo Jesús."

El mejor resume

Mateo 17:5 / Nueva Versión Internacional (NVI)
"Mientras estaba aún hablando, apareció una nube luminosa que los envolvió, de la cual salió una voz que dijo: «Este es mi Hijo amado; estoy muy complacido con él. ¡Escúchenlo!»"

Tuve la oportunidad de participar en una entrevista de selección de un futuro empleado en la institución donde trabajo. Antes había revisado su currículum, analizado sus atributos, capacidades, sus experiencias previas de trabajo y referencias.

Cuando se escriben las referencias en un resume, mencionas a personas que te conocen bien, las cuales te darían una buena recomendación, ya sea por tu labor o tus atributos, todo con la finalidad de que la empresa vea que eres la persona idónea para el puesto.

Meditando en Mateo 17:5, reflexionaba sobre la persona a la que Dios le dio la mejor de las recomendaciones: Jesús. Diciendo: "Este es mi Hijo amado, estoy muy complacido con él, escúchenlo". Que mejor referencia que la del Creador.

Dios lo eligió con un propósito. Jesús no era el más cualificado; era el único cualificado para cumplir con el plan de Dios para nuestras vidas. Por su sacrificio nos salvó del pecado, Cristo, el ungido. ¿Quién sostendría y moriría por nuestros pecados en una muerte humillante de cruz? ¿Quién más haría esto por amor? ¿Quién aceptaría esta copa sin pasarla? Solo Jesucristo, el Señor.

Él tenía los mejores atributos para el puesto. Es un líder nato, Hijo de Dios, con la autoridad de hacer temblar y huir a los demonios con su sola presencia. Sumamente confiable, protege y cuida con amor a los que Dios les encargó. Diligentemente sana a los enfermos, liberta a los cautivos y echa fuera demonios. Comprometido con su misión, salvaba y salva almas para su Padre Celestial. Siendo leal, pues Él nunca abandona su puesto, nunca deja a los que lo aceptamos, está siempre pendiente de nuestras necesidades y aunque nunca se ausenta, nos dejó al Espíritu Santo para que nos adiestre y guíe en nuestro caminar hacia la gloria de su reino. ¡Que mejor ejemplo a seguir! ¿Existe alguien con mejores recomendaciones? ¡Que mejor modelo de servicio!

Pidamos a Dios que nos dé la sabiduría para ser de buena referencia y tener buenas recomendaciones en nuestro currículum, semejantes a las de Cristo. Que cada día nos parezcamos más a Él. Que transforme nuestras vidas a su imagen, conforme a su voluntad, para presentarnos ese día ante el Padre con el mejor resume.

Meditad: Dios se complace de los que siguen e imitan a su Hijo.

Alabadle: "El nombre de Jesús" interpretada por Redimi2 junto a Christine D'Clario de la producción *Operación Mundial* (2014).

Escrito está:

Isaías 9:6 / Nueva Versión Internacional (NVI)
"Porque nos ha nacido un niño,

se nos ha concedido un hijo;
la soberanía reposará sobre sus hombros,
y se le darán estos nombres:
consejero, admirable, Dios fuerte,
Padre eterno, Príncipe de paz."

Juan 14:6 / Nueva Versión Internacional (NVI)
"—Yo soy el camino, la verdad y la vida —le contestó Jesús—. Nadie llega al Padre sino por mí."

Filipenses 2:5-7 / Nueva Versión Internacional (NVI)
"La actitud de ustedes debe ser como la de Cristo Jesús,
quien, siendo por naturaleza Dios,
no consideró el ser igual a Dios como algo a qué aferrarse.
Por el contrario, se rebajó voluntariamente,
tomando la naturaleza de siervo
y haciéndose semejante a los seres humanos."

Un día en noviembre
Mensaje de Dios: Buscadme y viviréis

2 Crónicas 7:14 / Reina-Valera 1960 (RVR1960)
"...si se humillare mi pueblo, sobre el cual mi nombre es invocado, y oraren, y buscaren mi rostro, y se convirtieren de sus malos caminos; entonces yo oiré desde los cielos, y perdonaré sus pecados, y sanaré su tierra."

"*Este mundo se llena de incredulidad, de dudas y se aparta de mí. Yo te puse en este mundo para que lo bendijeras y has traído maldición (ref. al hombre). Tinieblas han llegado a países que eran míos. Ya en ellos no habito. Mis elegidos dudan, que no ven lo que hice en ellos, no ven de donde los saqué.*"

"*He derramado bendición en las vidas de los fieles de los que me siguen, de los que me conocen, sin vergüenza y sin dudas. Derramaré bendición en la tierra que aún me tome en cuenta, donde Yo sea su Rey y su Dios, aquella que se humillare, que se arrodille y pida perdón. De esa tierra, Yo seré Dios. Ay de aquel que no me siga, ay de aquel que no me busque, cuando aún haya tiempo. El tiempo se acorta. Fijen su mirada en mí."*

"Lean mi Palabra, donde hay verdad. Aprende de mí, conoce a tu Señor. Ámame como Yo te amo."

"La Tierra gime de dolor por la maldad de los hombres. El cielo se regocija, y celebra cuando se apartan de su iniquidad."

Escucha y vive conforme a su voluntad. No cierres tus ojos a su luz, ni tus oídos a su voz.

Meditad: Dios habla a sus hijos hoy.

Alabadle: "Buscadme y viviréis" interpretada por Marcos Vidal de la producción *Buscadme y Viviréis* (1990)

Escrito está:

Hebreos 9:28 / Nueva Versión Internacional (NVI)
"...también Cristo fue ofrecido en sacrificio una sola vez para quitar los pecados de muchos; y aparecerá por segunda vez, ya no para cargar

con pecado alguno, sino para traer salvación a quienes lo esperan.

Hechos 3:19 / Nueva Versión Internacional (NVI)
"Por tanto, para que sean borrados sus pecados, arrepiéntanse y vuélvanse a Dios, a fin de que vengan tiempos de descanso de parte del Señor"

1 Tesalonicenses 5:2-4 / Nueva Versión Internacional (NVI)
"...porque ya saben que el día del Señor llegará como ladrón en la noche.
Cuando estén diciendo: «Paz y seguridad», vendrá de improviso sobre ellos la destrucción, como le llegan a la mujer encinta los dolores de parto. De ninguna manera podrán escapar.
Ustedes, en cambio, hermanos, no están en la oscuridad para que ese día los sorprenda como un ladrón.

Radical

***Juan 10:20 / La Biblia de las Américas (LBLA)
"Y muchos de ellos decían: Tiene un demonio
y está loco. ¿Por qué le hacéis caso?"***

Muchas veces, a los hombres y las mujeres que tienen una manera diferente de pensar que el resto, que cambian la perspectiva de su época, los llaman locos.

C. S. Lewis (1952) decía que muchos creían que Jesús era solo un hombre, otros un loco, otros creían y creen verdaderamente que es el Hijo de Dios y que eventualmente todos tenemos que tomar una decisión acerca de quién es Jesús en nuestras vidas. Evidentemente, fue un hombre que cambió la manera de ver las cosas en su época, y fue un cambio radical. Predicaba el amor en tiempos de odio y rencor. Me maravilla su trascendencia. Se podría decir que es el ser más importante que ha existido en este planeta. Es tal que el tiempo se divide en Antes de Cristo (A.C.) y Después de Cristo (D.C.).

Millones de personas lo siguen, miles de personas lo odian y otros miles dudan de su existencia o que es el Hijo de Dios, pero podría decir que se acerca el día que no habrá ser humano que no haya alguna vez mencionado Su nombre.

¿Por qué el nombre de un "loco" estaría de boca en boca y por qué causaría tanta controversia la profundidad de sus enseñanzas? No era un loco. No era sólo un carpintero que hablaba de amor, daba su lugar a la mujer y a los niños, protegía a los desvalidos, pobres y viudas, sanaba enfermos, sacaba fuera demonios y resucitaba muertos. No puede ser un simple hombre aquel que perdona los pecados, sana y salva, el que dijo que moriría por amor a nosotros. El que se convirtió en pecado, le ganó a la muerte y resucitó al tercer día. Él era y es lo que decía ser, el Hijo de Dios. Han pasado más de 2.000 años y ya no existen testigos oculares de su entrega, de sus milagros, ni de su resurrección.

Los millones de personas que creen no solo los mueve la fe de lo anteriormente dicho. Los mueve el Espíritu que transforma vidas, los mueve el ser testigos de cambios, el ser testigos de milagros, el recibir su amor y paz, el saber de su compañía en los momentos buenos como en los malos, el que nos habla por medio de su Palabra viva entre muchas cosas más. No hay vergüenza. Hay una fe viva. Levanta tu cabeza. Fija tu mirada en Jesús. No necesitas evidencias; pues no hay evidencia que te separe del profundo amor que sentirás en tu interior. Al igual que Él te dirán loco, pero su Espíritu que vive en tu interior exclamará, "No loco, RADICAL EN MI," y sonreirás.

Meditad: Dios es locura para los que no creen en su verdad.

Alabadle: "A danzar" interpretada por Grupo Barak junto a Redimi2 de la producción *Generación Radical* (2016).

Escrito está:

1 Corintios 2:14 / Nueva Versión Internacional (NVI)
"El que no tiene el Espíritu no acepta lo que procede del Espíritu de Dios, pues para él es locura. No puede entenderlo, porque hay que discernirlo espiritualmente."

Daniel 2:21 / Nueva Versión Internacional (NVI)

Dayanara

*"Él cambia los tiempos y las épocas,
pone y depone reyes.
A los sabios da sabiduría,
y a los inteligentes, discernimiento."*

*Hechos 26:24-31 / Reina-Valera 1960 (RVR1960)
"Pablo insta a Agripa a que crea
Diciendo él estas cosas en su defensa, Festo a gran voz dijo: Estás loco, Pablo; las muchas letras te vuelven loco.
Mas él dijo: No estoy loco, excelentísimo Festo, sino que hablo palabras de verdad y de cordura."*

Respuesta

Hebreos 2:14-15 / Reina-Valera 1960 (RVR1960)
"Así que, por cuanto los hijos participaron de carne y sangre, él también participó de lo mismo, para destruir por medio de la muerte al que tenía el imperio de la muerte, esto es, al diablo, y librar a todos los que por el temor de la muerte estaban durante toda la vida sujetos a servidumbre."

Dios ofrece respuestas a tus preguntas en su tiempo perfecto. Él es quien conoce tu corazón y tus pensamientos, y sé que a mí me conoce muy bien. Dios contestó una de mis inquietudes. Mi pregunta era: ¿Realmente somos libres?

Preguntaba porque no sentía gozo; al orar sólo me lamentaba por la culpa y la vergüenza cuando le fallaba. Tendía a fijarme en cada cosa errónea que hacía por lo más pequeña que fuera. No me sentía libre, sino oprimida. Sabía que esto no era lo que Dios quería para mi vida, ni lo que dice su Palabra. ¿Te has sentido así alguna vez?

En mi confusión, Dios me contestaba por medio de su Palabra acerca de la obediencia. En sueños me decía que no fuera cómplice del pecado y en mi raciocinio, yo me negaba a entender.

Le pedí que fuera más claro y su respuesta llegó a su tiempo, que es perfecto. Comparto, amados hermanos, su respuesta. Me dijo: "*Si me sigues no eres mi esclava, sino mi sierva. Eras esclava del pecado y Satanás te hacía ver que lo que hacías no te esclavizaba; no te permitía ver las cadenas. Yo te saqué de allí. Eres nueva criatura en mí, y aunque a veces tropiezas y caes, Yo te levanto, y aunque a veces luchas por racionalizar aquello que se ve como bueno, pero no te edifica, Yo te muestro las cosas tal como realmente son. No seas cómplice del pecado, porque se empieza con un pequeño desliz. Conozco la influencia del pecado y de la tentación, y la debilidad del ser humano. Por eso contesto tus preguntas cuando confías en mí. Te amo, no quiero perderte y no quiero que vuelvas a donde te saqué. Confía en mi sacrificio, no fue en vano, en mi gracia y en mis promesas. No eres mi esclava eres mi sierva, porque para los que me sirven todo obra para bien, y no sólo para su bien, sino para el bienestar de otros a su vez. "*

Reflexionemos en su Palabra que somos realmente libres. Le servimos a aquel que nos amó y ama, porque le amamos, queremos agradarle y agradecerle lo que ha hecho por nosotros, y lo que continuará haciendo porque su obra aún no ha terminado.

Meditad: Dios nos hace libres.

Alabadle: "Libre soy" interpretada por Grupo Barak junto a Alex Campos de la producción *Generación Radical* (2016).

Escrito está:

Romanos 6:22-23 / Reina-Valera 1960 (RVR1960)
"Mas ahora que habéis sido libertados del pecado y hechos siervos de Dios, tenéis por vuestro fruto la santificación, y como fin, la vida eterna. Porque la paga del pecado es muerte, mas la dádiva de Dios es vida eterna en Cristo Jesús Señor nuestro."

Juan 15:7 / Reina-Valera 1960 (RVR1960)
"Si permanecéis en mí, y mis palabras permanecen en vosotros, pedid todo lo que queréis, y os será hecho."

Colosenses 1:13-14 / Nueva Versión Internacional (NVI)
"Él nos libró del dominio de la oscuridad y nos trasladó al reino de su amado Hijo, en quien tenemos redención, el perdón de pecados."

¿Me conoces?

1 Samuel 3:7 /
Nueva Versión Internacional (NVI)
"Samuel todavía no conocía al Señor, ni su palabra se le había revelado."

Tuve un sueño que se repitió en dos ocasiones exactamente igual. En el, yo escribía sobre Dios y Él me decía: "Escribes de mí, pero aún no me conoces". Al principio, me frustré porque entendía estar haciendo lo correcto. Dios quería que profundizara más en mi relación con Él y en su Palabra, pero apenas estaba tocando la superficie de su grandeza.

Cuenta la Palabra que cuando Samuel era joven, El Señor lo llamó mientras dormía. Samuel se levantaba e iba corriendo a donde Eli, su cuidador. Le decía a Eli, "Aquí estoy," y Eli le contestaba, "No te he llamado." Esto ocurrió en tres ocasiones

Dayanara

y Samuel iba adonde Eli cada vez, porque no conocía aún al Señor.

Samuel fue consagrado desde su nacimiento a Dios, de seguro criándose en el templo había oído hablar de Dios. Entonces, ¿qué quiere decir eso de que no lo conocía? Samuel conocía a Dios de oídas, pero no tenía una relación personal con Dios todavía.

De oídas:

Escuchar de algo o alguien por referencia, no es conocerlo. ¿Cuántas veces juzgamos o tenemos prejuicio con alguien, por el hecho que nos hablaron mal de esa persona? A veces con tan sólo mirarla/o, ya tenemos una fotografía de cómo creemos que es y así le tratamos.

Lo mismo pasa con Dios. ¿Cuántas veces hemos escuchado hablar mal acerca de Dios? He oído decir que es un mal padre, que es producto de mi imaginación, que es perverso y castigador. Hay quienes se acercan a Él por miedo, y otros se alejan por lo mismo y a otros simplemente no les importa, lo que me lleva a pensar con tristeza que esas personas realmente no lo conocen.

Yo conozco a un Dios de amor, que me invitó a acercarme por medio de Jesús, su Hijo. Una vez me lo presentaron, quería saber más de Él. Sabía que Él ya me conocía y que me amaba. Yo quería ser su amiga; quería amarlo como Él a mí. ¿Cómo lo conoces? Todos los días le hablo, le oro, le pido, le cuento. Por fe, sé que Él me escucha, y me aconseja por medio de su Palabra. Sé que aún no lo conozco del todo, pero lo que sé me basta para amarlo con todas mis fuerzas y corazón.

Algún día tendré la dicha de verle cara a cara y conocerle del todo. Sé que millones de personas han tenido la misma experiencia. ¿Quién no anhelaría tener una relación así?

Si anhelas hacer algo más que creer, si necesitas confiar, si necesitas esperanza, el Dios del que has escuchado hablar te está llamando como a Samuel. ¡Sí, a ti! ¡No te distraigas! Solo respóndele como Samuel lo hizo, "Habla Señor, que tu siervo está escuchando." Así como Samuel comienza a cultivar, por medio de la oración y la Palabra, una relación de amor con nuestro Dios. Conócele.

Meditad: Dios quiere que lo conozcas.

Alabadle: "Al que está sentado en el trono" interpretada por Marcos Brunet junto a Lucas Conslie de la producción *Uniendo Cielo y Tierra, Toma tu lugar* (2011).

Escrito está:

1 Samuel 3:8-9 / Nueva Versión Internacional (NVI)
"Por tercera vez llamó el Señor a Samuel. Él se levantó y fue adonde estaba Elí.
—Aquí estoy —le dijo—; ¿para qué me llamó usted? Entonces Elí se dio cuenta de que el Señor estaba llamando al muchacho.
—Ve y acuéstate —le dijo Elí—. Si alguien vuelve a llamarte, dile: 'Habla, Señor, que tu siervo escucha'. Así que Samuel se fue y se acostó en su cama. Entonces el Señor se le acercó y lo llamó de nuevo:
— ¡Samuel! ¡Samuel!
—Habla, que tu siervo escucha —respondió Samuel."

Job 42:5 / Reina-Valera 1960 (RVR1960)
"De oídas te había oído;
Mas ahora mis ojos te ven."

Salmos 42:1 / Reina-Valera 1960 (RVR1960)
"Como el ciervo brama por las corrientes de las aguas,
Así clama por ti, oh Dios, el alma mía."

Su luz brillará

Juan 12:35 / Reina-Valera 1960 (RVR1960)
"Entre tanto que tenéis la luz, creed en la luz,
para que seáis hijos de luz."

El camino de la paz no es un camino fácil, ancho y sin tropiezos. El camino de la paz es el camino de nuestra vida mientras seguimos a Jesús. Él nos acompaña en nuestro caminar, y con su luz ilumina nuestros pasos.

Jesús habita en nuestro interior y en nuestras circunstancias. Nuestras tinieblas son iluminadas por su luz cuando lo aceptamos en nuestro corazón. En nosotros hay luz y en nuestras circunstancias también, solo debemos ver con nuestros ojos espirituales. Aunque Adán marcó nuestro cuerpo con pecado, Jesús, el Creador, lo diseñó para amar, para dar luz.

Nuestro caminar es una lucha entre la luz y las tinieblas, pero si recibimos a Jesús — si lo anhelamos, lo conocemos — ese prediseño de luz se ilumina más con la luz brillante del Rey Vencedor. Esa lucha entre luz y tinieblas no va a ser eterna, pero su victoria sí lo es. Su Palabra dice: "Porque todo lo nacido de Dios vence al mundo; y está es la victoria que ha vencido al mundo, nuestra fe" (1 Juan 5:4). En el amor está su luz.

La vida tiene altibajos, y algunas batallas parecen terminar en derrotas, pero la victoria final y eterna es nuestra en Cristo, si confiamos en su poder.

Meditad: Dios ilumina nuestros caminos con su luz victoriosa.

Alabadle: "Brilla" interpretada por Blest de la producción *Blest en vivo* (2009)

Escrito está:

Juan 12:35 / Reina-Valera 1960 (RVR1960)
"Entonces Jesús les dijo: Aún por un poco está la luz entre vosotros; andad entre tanto que tenéis luz, para que no os sorprendan las tinieblas; porque el que anda en tinieblas, no sabe a dónde va."

2 Corintios 4:6 / Reina-Valera 1960 (RVR1960)
"Porque Dios, que mandó que de las tinieblas resplandeciese la luz, es el que resplandeció en nuestros corazones, para iluminación del conocimiento de la gloria de Dios en la faz de Jesucristo."

Juan 1:9 / Dios Habla Hoy (DHH)
"La luz verdadera que alumbra a toda la humanidad venía a este mundo."

Un toque de amor

Juan 18:10-11 / Reina-Valera 1960 (RVR1960)
"Entonces Simón Pedro, que tenía una espada, la desenvainó, e hirió al siervo del sumo sacerdote, y le cortó la oreja derecha. Y el siervo se llamaba Malco. Jesús entonces dijo a Pedro: Mete tu espada en la vaina; la copa que el Padre me ha dado, ¿no la he de beber?"

¿Han pensado alguna vez, qué haríamos en el momento de la conmoción que surgió durante el arresto y crucifixión de Jesús? ¿Qué rol o papel jugaríamos en ese momento? En esa conmoción, Pedro le defendió con espada y cortó la oreja derecha de un hombre que, según el evangelio de Juan, se llamaba Malco.

Muchos piensan que serían defensores, rescatadores de Jesús y otros piensan que

Diario de un Creyente

bajo su condición carnal podrían ser quienes lo señalaron, juzgaron o simplemente observadores del hecho que cambió por completo la historia de la humanidad.

Siendo egoístas, y con el conocimiento que tenemos de aquel hecho, permitiríamos que sucediera cada momento porque sabemos por fe y por las Escrituras que fue el precio que pagó Jesús por nuestra salvación y redención. Sabemos que nada, ni nadie, puede estorbar los propósitos de Dios y que este hecho atroz era su voluntad con tal de que volviéramos a tener una relación con Él. Lo permitiríamos con la certeza, gratitud y seguridad de que aun viendo con horror lo que pasaría, resucitaría nuestro amado. Jesús tendría la victoria y resucitaría de los muertos.

Si hubiese estado allí, en ese preciso momento, no sería uno de sus apóstoles. Sería Malco, ese hombre que vino con posible coraje y confusión a buscarle para que fuera arrestado. Tal vez se sentía engañado y traicionado por sus creencias y estaba decidido a acabar con Jesús. Dirían, "¡Qué horror!" ¿Cómo quisieras tú representar a ese hombre quien quería conducir a Jesús hacia una muerte segura?

Dayanara

Malco representa ese hombre confundido, engañado y ciego de rabia que se asemeja a muchos de nosotros. Malco, el hombre que vino arrestar a Jesús. Ese pecador, como nosotros, recibió la más total y absoluta muestra de misericordia de parte de Jesús. Ese hombre — a quien, en medio de su ofuscación, Pedro le cortó la oreja por defender a su amigo Jesús — en un instante, sin haber conocido de cerca a Jesús, recibió el mismo amor que habían recibido los apóstoles que por algún tiempo lo acompañaron.

Con un toque de amor, Jesús lo aceptó tal y como él vino. Con un toque de su gracia, lo defendió con su infinita misericordia y le sanó. Malco, después del gran dolor al ser herido, sintió en un momento sanidad de su cuerpo y de su alma con la cercanía de Jesús, mirando en sus ojos la paz y el amor que solo Él puede dar. Tal vez no entendía el por qué éste a quien le había fallado había venido en su defensa, mostrándole su amor y misericordia. Sin merecerlo, lo había sanado. Perplejo, tal vez Malco ya no le perseguiría, sino que le buscaría con hambre y sed de conocerle. Tal vez observaría de lejos cómo era maltratado y crucificado, se tocaría su oreja y sabría en su alma que ese sacrificio era por él. ¿No se parece está a nuestra historia? o ¿Es el perdón que quisieras experimentar? ¿Cuántos han sentido ese toque? ¿Cuántos quieren recibirlo? Solo un toque de amor.

Meditad: Dios posee una gran misericordia, amor y perdón.

Alabadle: "Si hubiera estado allí" interpretada por Jesús Adrián Romero de la producción *Ayer te vi… Fue más claro que la Luna* (2007).

Escrito está:

Lucas 22:51 / Reina-Valera 1960 (RVR1960)
"Entonces respondiendo Jesús, dijo: Basta ya; dejad. Y tocando su oreja, le sanó."

Juan 3:16 / Reina-Valera 1960 (RVR1960)
"Porque de tal manera amó Dios al mundo, que ha dado a su Hijo unigénito, para que todo aquel que en él cree, no se pierda, más tenga vida eterna. "

Romanos 5:7-8 / Nueva Versión Internacional (NVI)
"Difícilmente habrá quien muera por un justo, aunque tal vez haya quien se atreva a morir por una persona buena. Pero Dios demuestra su amor por nosotros en esto: en que cuando todavía éramos pecadores, Cristo murió por nosotros."

Siempre listo

Josué 5:13-14 / Reina-Valera 1960 (RVR1960)
"Estando Josué cerca de Jericó, alzó sus ojos y vio un varón que estaba delante de él, el cual tenía una espada desenvainada en su mano. Y Josué, yendo hacia él, le dijo: ¿Eres de los nuestros, o de nuestros enemigos? El respondió: No; más como Príncipe del ejército de Jehová he venido ahora. Entonces Josué, postrándose sobre su rostro en tierra, le adoró; y le dijo: ¿Qué dice mi Señor a su siervo?"

Hay personas que creen que ser cristianos los librará de la aflicción. Son personas que afirman que la desgracia que le ocurre al prójimo es a causa de su pecado. No hay nada más lejos de la realidad. Ser creyente del Santísimo no te lleva a una vida sin aflicción; te lleva a una vida sostenida y guardada por el Señor. La aflicción es real en la vida de los creyentes, como en la vida de cualquier otra persona, pero para con los que en Él viven, con la aflicción viene la esperanza de que no estamos solos. Él nos acompaña.

Leía en Josué 1:19 como Jehová daba ánimo a Josué en repetidas ocasiones. Establecía con certeza su Presencia para con Él, diciéndole: "No temas, Yo estoy contigo". No eran solo palabras de ánimo para fortalecerlo antes de la batalla que le esperaba; eran palabras de acción verdadera. Mucho antes de que Josué saliera a la batalla, el Príncipe de los Ejércitos de Jehová salió a su encuentro, listo con la espada desenvainada (Josué 5:13-15). ¡Alabado sea el Señor!

Listo o tal vez en plena batalla espiritual, ahí estaba esperando por Josué el Príncipe de Jehová. Los hijos de Dios no enfrentamos solos nuestras batallas, ya Dios está batallando en el ámbito espiritual contra el enemigo, abriéndonos paso al caminar. Al igual que con Josué, Dios no solo nos anima, conforta y guía; Él pelea junto a nosotros nuestras batallas. ¡Aleluya!

En la aflicción que nos encontremos o la que esté por venir, cobremos ánimo y confianza. Reestablezcamos nuestra fe, porque el Príncipe de los Ejércitos de Jehová ya desenvainó su espada. Jesús está librando una batalla espiritual por nuestra alma. No desfallezcas, ni desmayes porque el Dios nuestro tiene absoluto control y cuidado de sus hijos. Entonces diremos: "si Dios es con nosotros. ¿Quién contra nosotros?"

Meditad: Dios es guerrero, nunca ha perdido una batalla.

Alabadle: "Por ti peleó Yo" interpretada por Isabelle Valdez, sencillo *(2016)*.

Escrito está:

Romanos 8:31 / Reina-Valera 1960 (RVR1960)
"¿Qué, pues, diremos a esto? Si Dios es por nosotros, ¿quién contra nosotros?"

Isaías 42:13 / Nueva Versión Internacional (NVI)
"El Señor marchará como guerrero;
como hombre de guerra despertará su celo.
Con gritos y alaridos se lanzará al combate,
y triunfará sobre sus enemigos."

Josué 1:9 / Reina-Valera 1960 (RVR1960)
"Mira que te mando que te esfuerces y seas valiente; no temas ni desmayes, porque Jehová tu Dios estará contigo en dondequiera que vayas."

En su tiempo perfecto

Lucas 19:5 / Reina-Valera 1960 (RVR1960)
"Cuando Jesús llegó a aquel lugar, mirando hacia arriba, le vio, y le dijo: Zaqueo, date prisa, desciende, porque hoy es necesario que pose yo en tu casa."

La salvación de Zaqueo me llena de esperanza. Él solo sentía curiosidad; quería ver a Jesús, quería saber quién era aquel del que todos estaban hablando. Zaqueo deseaba estar más que informado. Anhelaba verle sin importar como. Solo necesitaba un poco de curiosidad y un corazón dispuesto, y Dios le dio la audiencia. Dios no pierde tiempo, la cercanía a sus hijos es lo más que desea. Una señal de apertura es lo único que necesita. Él anhela nuestra invitación.

Jesús no perdió tiempo al ver a Zaqueo en el árbol. Le pidió que se diera prisa y le dijo que quería ir a su casa. Así espera Dios por los que no le conocen; solo necesita un espacio en tu corazón para colocar la semilla. Él hará que dé fruto. Él cuidará de esa semilla y hará que se desarrolle una pasión por Él en ese corazón. Él transformara tu vida, si le permites la entrada y permanencia en tu corazón. Jesús llega en el tiempo perfecto.

A los que ya le invitamos a habitar en nosotros, tenemos que seguir invitándolo en todos nuestros asuntos. Dios quiere ser parte de nuestra vida y momentos, para seguir transformando nuestro corazón. Él añora formar parte de nuestras situaciones difíciles y de alegría. En cada momento, nuestro Dios siempre llega en el tiempo perfecto.

Jesús trajo salvación a la casa de Zaqueo diciendo, "El Hijo del Hombre vino a buscar y a salvar lo que se había perdido". Si no le conoces, deja que Dios pose en tu habitación y llene tu casa de su salvación. Solo necesita una fe tan pequeña como un grano de mostaza y obrará en tu vida de manera maravillosa.

Gocémonos de las nuevas vidas que atrae el Señor a su Reino. No perdamos tiempo y ayudemos al Señor. Busquemos también las ovejas de salvación para su gloria. Ayudemos a que esa semilla permanezca en ellas.

Meditad: Dios siempre llega a tiempo.

Alabadle: "Jesús siempre llega a tiempo" interpretada por Samuel Hernández de la producción *Jesús siempre llega a tiempo* (2002).

Escrito está:

Salmos 145:15-16 / Reina-Valera 1960 (RVR1960)
"Los ojos de todos esperan en ti,
Y tú les das su comida a su tiempo.
Abres tu mano,
Y colmas de bendición a todo ser viviente."

Salmos 62:8 / Reina-Valera 1960 (RVR1960)
"Esperad en él en todo tiempo, oh pueblos;
Derramad delante de él vuestro corazón;
Dios es nuestro refugio."

Eclesiastés 3:1 / Nueva Versión Internacional (NVI)
"Hay un tiempo para todo
Todo tiene su momento oportuno; hay un tiempo para todo lo que se hace bajo el cielo."

Los sabores de la vida

Proverbios 27:7 /
Nueva Versión Internacional (NVI)
"Al que no tiene hambre, hasta la miel lo
empalaga; al hambriento, hasta lo
amargo le es dulce."

¿Has oído el dicho de poner una pizca de sabor a tu vida? La vida está llena de experiencias y, como la comida o bebida, la misma tiene distinto sabor en tu interior.

En nuestro caminar, pasamos por experiencias que catalogamos de agrias, como cuando tenemos un desacuerdo con un amigo o familiar. Decimos que estos eventos agrian nuestra existencia, semejante al sabor de un limón, y nos llenamos de resentimiento o rencor. Viendo el lado positivo de las cosas, nos dicen aprende hacer de limones, limonada.

Vivimos también momentos amargos de dolor, de tristeza, de enfermedad y desesperanza. También es común que digamos que nos amargan la vida.

Hay otras experiencias que aparentan ser dulces, pero tienen luego un *after taste*, un sabor amargo después. Son las experiencias que nos dan una felicidad falsa y momentánea que no llena nuestros vacíos. El dulce se va tan rápido como la felicidad y luego vuelves al estado de desesperanza que tenías antes de probar el dulce. Es el dulce que te hace mal, el sintético. Es el dulce de cuándo vamos por la vida haciendo lo que queremos, pero alejados de Dios, en lo dulce pasajero de la vida.

De todos los sabores, el dulce es probablemente el preferido de todos, como dice el dicho: "A quien le amarga un dulce." Dios conoce lo atrayente del dulce, pero también conoce la necesidad de lo amargo y de lo agrio. No se puede disfrutar lo dulce de la vida, sino se vive lo amargo y lo agrio. Para Dios todo tiene un balance. En cada una de nuestras experiencias, no importando su sabor, Él está presente. Él está en cada sabor, esperando que te acerques para mostrarte el gozo de la miel y fortalecerte en lo agrio y lo amargo de nuestra existencia. Dios nos recuerda que Él estará con nosotros sin importar el sabor del momento que te está tocando vivir. Él es fiel.

Meditad: Dios es más dulce que la miel.

Alabadle: "Tu amor por mí" interpretada por Marcos Witt de la producción *El Encuentro* (2002).

Escrito está:

Salmos 34:19 / Reina-Valera 1960 (RVR1960)
"Muchas son las aflicciones del justo,
Pero de todas ellas le librará Jehová."

Salmos 81:16 / Nueva Versión Internacional (NVI)
"Y a ti te alimentaría con lo mejor del trigo;
con miel de la peña te saciaría."

Salmos 119:103 / Nueva Versión Internacional (NVI)
"¡Cuán dulces son a mi paladar tus palabras
¡Son más dulces que la miel a mi boca!"

Perfecto

Mateo 5:48 / Nueva Versión Internacional (NVI)
"Por tanto, sean perfectos, así como su Padre celestial es perfecto."

La armonía de la música me apasiona. Las letras inspiradoras edifican mi corazón. ¿Nunca se han preguntado cómo hacen para escribir la misma alabanza en diferentes idiomas? Parecería difícil traducir esas alabanzas a otro idioma y que las mismas puedan transmitir el mensaje de Dios con tal armonía y perfección.

Así como la armonía musical, Dios es perfecto en todo. Todo lo que crea, hace y hará, sin lugar a duda, siempre es perfecto en Él.

Solo en Él podemos dejar nuestras cargas, solo a Él podemos confiar nuestras vidas. Sabemos que está en cada detalle de nuestra historia de vida, en cada nota musical de nuestra vida, formándonos en su perfección, conforme a sus propósitos.

¡La hermosura de ser libre en Él! El recordar su perfección nos da la seguridad de que al final de nuestra existencia, el autor de nuestras vidas hará todo a la perfección. ¿No te llena esto de confianza? Él es el Alfa, el comienzo, de nuestras vidas y escribirá el Omega, su final. Y como en la creación, Él vio que era bueno. Jehová canta con armonía sobre nuestras vidas.

Meditad: Dios es perfecto.

Alabanza: "Perfecto" interpretada por Kike Pavón junto a Evan Craft de la producción *Ganas de vivir* (2017)

Escrito está:

Filipenses 3:12-14 / Nueva Versión
Internacional (NVI)
"No es que ya lo haya conseguido todo, o que ya sea perfecto. Sin embargo, sigo adelante esperando alcanzar aquello para lo cual Cristo Jesús me alcanzó a mí. Hermanos, no pienso que yo mismo lo haya logrado ya. Más bien,

una cosa hago: olvidando lo que queda atrás y esforzándome por alcanzar lo que está delante."

Deuteronomio 32:4 / Reina-Valera 1960 (RVR1960)
"Él es la Roca, cuya obra es perfecta,
Porque todos sus caminos son rectitud;
Dios de verdad, y sin ninguna iniquidad en él;
Es justo y recto."

Isaías 40:26 / Nueva Versión Internacional (NVI)
"Alcen los ojos y miren a los cielos:
¿Quién ha creado todo esto?
El que ordena la multitud de estrellas una por una"
y llama a cada una por su nombre.
¡Es tan grande su poder, y tan poderosa su fuerza,
que no falta ninguna de ellas!"

Nuestra luz

Juan 8:12 / Reina-Valera 1960 (RVR1960)
Jesús, la luz del mundo
"Otra vez Jesús les habló, diciendo: Yo soy la luz del mundo; el que me sigue, no andará en tinieblas, sino que tendrá la luz de la vida."

*D*ios dictó una mañana:

"Yo soy la luz del mundo. Estoy contigo y en tu interior. Cada día encuentras tinieblas en el mundo y en tu interior, pero Yo he vencido al mundo.

Te estoy entrenando para que lleves tu pensamiento hacia mí. No todos los días lo harás. No todos los días podrás llevarlo a la perfección, pero progresarás poco a poco.

Cuando diriges hacia mí tu atención, alejo las tinieblas hacia mi luz invencible. Así es como andas el camino de la paz, así es como cambio las tinieblas en luz."

No es un mensaje solo para mí, sino no hubiese permitido que lo compartiera. Confía en el poder del Señor cada día de tu vida. Él alejara con su luz las tinieblas que te quitan su paz. Él es invencible; no hay tiniebla que pueda con su resplandor. Él alumbrará tu corazón. Fija tu mirada y tu atención en la luz del Señor.

Meditad: Dios alumbra las tinieblas con su brillante luz.

Alabadle: "Su luz" interpretada por Ricardo Montaner de la producción *Agradecido* (2014).

Escrito está:

Lucas 1:78-79 / Nueva Versión Internacional (NVI)
"...gracias a la entrañable misericordia de nuestro Dios.
Así nos visitará desde el cielo el sol naciente,
para dar luz a los que viven en tinieblas,
en la más terrible oscuridad,
para guiar nuestros pasos por la senda de la paz."

Dayanara

Juan 16:33 / Nueva Versión Internacional (NVI)
"Yo les he dicho estas cosas para que en mí hallen paz. En este mundo afrontarán aflicciones, pero ¡anímense! Yo he vencido al mundo."

Habacuc 3:4 / Nueva Versión Internacional (NVI)
Su brillantez es la del relámpago;
"...rayos brotan de sus manos; ¡tras ellos se esconde su poder!"

Calma en la tormenta

Mateo 8:23-26 / Nueva Versión Internacional (NVI)
Jesús calma la tormenta
"Luego subió a la barca y sus discípulos lo siguieron.
De repente, se levantó en el lago una tormenta tan fuerte que las olas inundaban la barca. Pero Jesús estaba dormido. Los discípulos fueron a despertarlo.
— ¡Señor —gritaron—, sálvanos, que nos vamos a ahogar!
—Hombres de poca fe —les contestó—, ¿por qué tienen tanto miedo?
Entonces se levantó y reprendió a los vientos y a las olas, y todo quedó completamente tranquilo."

Una tormenta azotó dentro y fuera de mí. El Espíritu estaba allí redarguyéndome, pero no lo podía escuchar. Mi mirada estaba fija en mi situación y no veía la salida. Sentía que no había podido agarrarme del manto de Jesús a tiempo. Luchaba con mis propias fuerzas y el viento de la tormenta me hizo caer. Me arrepentí con el alma, sabía y sé que no puedo vivir sin Dios. No quería, ni quiero volver atrás. ¿Te has sentido en medio de la tormenta, alguna vez?

La mañana siguiente, Jesús trajo la calma con su Palabra.

Jesús, el Señor, acalló la tormenta por la cual los discípulos se atemorizaban. Mandó al mar y a los vientos que callaran, y en ese momento hubo una paz, una calma impresionante. Era la paz que anhelaba en mí vida. Solo Jesús de Nazaret es el único que puede darla, solo con Él se vive el gozo de la paz que sintieron los discípulos asombrados de la autoridad de nuestro Señor al callar la tormenta.

El 5 de junio recibí su perdón y su paz inigualable. Ese día, Jesús calló el mar y los vientos que azotaban mi vida. El 5 de junio, Jesús calmó la tormenta. Marca el día que Dios todopoderoso hizo el milagro en tu vida. Si aún no lo has vivido, declara a viva voz que hoy es el día de la calma, en el nombre de su Hijo amado, Jesús.

Meditad: Dios, Todopoderoso, te da paz.

Alabadle: "Llegará tu milagro" interpretada por Marcos Yaroide de la producción *La vida es* (2017)

Escrito está:

Marcos 4:39 / Nueva Versión Internacional (NVI)
"Él se levantó, reprendió al viento y ordenó al mar:
— ¡Silencio! ¡Cálmate!
El viento se calmó y todo quedó completamente tranquilo."

Mateo 8:27 / Reina-Valera 1960 (RVR1960)
"Y los hombres se maravillaron, diciendo: ¿Qué hombre es éste, que aun los vientos y el mar le obedecen?"

Hebreos 1:3 / Nueva Versión Internacional (NVI)
"El Hijo es el resplandor de la gloria de Dios, la fiel imagen de lo que él es, y el que sostiene todas las cosas con su palabra poderosa. Después de llevar a cabo la purificación de los pecados, se sentó a la derecha de la Majestad en las alturas."

Dios mora en mí

Juan 14:23 / La Biblia de las Américas (LBLA)
"Jesús respondió, y le dijo: Si alguno me ama, guardará mi palabra; y mi Padre lo amará, y vendremos a él, y haremos con él morada."

¡Qué alegría el saber que Dios mora en mí! ¡Qué dicha! El conocer que el que le busca le halla y que en lo oscuro de las circunstancias Él está. Cuando éramos niños, si temíamos a la oscuridad nuestros padres dejaban encendida una luz y el temor nos dejaba por la seguridad de aquella luz. Cuando teníamos pesadillas, íbamos corriendo a la habitación de nuestros padres buscando protección. Qué seguridad sentíamos al momento de que levantaban sus sábanas y nos dejaran acurrucarnos en sus brazos. Sentíamos protección y seguridad al estar a su lado.

Así es nuestro Padre. Es la protección y seguridad que sentimos en la realidad de nuestras vidas cuando el temor a la enfermedad, a la economía, a perder una relación, o al dolor se manifiestan. Solo tenemos que recordar ese niño/a que temía y corría hacia los brazos de su protector. Ya no somos niños, pero aún tenemos un protector que nos reciba en sus brazos, si así lo deseamos. Por su sacrificio, Jesús nos permite acercarnos de tú a tú con nuestro Padre Celestial. Si le buscamos, Él nos encuentra, nos protege y cubre con sus alas de amor (Salmos 91:4).

Conocer del amor del Hijo nos lleva a conocer al Padre (Juan 14:7) y a seguirle irremediablemente porque no hay nada en este mundo que se asemeje a su amor. Al igual que hicieron sus discípulos al reconocerle como el Cristo, le siguieron, le buscaron y permitieron que al final de su estancia en la Tierra, permaneciera el Padre, el Hijo y el Espíritu Santo, habitando y haciendo morada en sus corazones. Así debemos seguirle y buscarle.

Al hallarle, Él estará presente fuera y dentro de nuestro corazón, anhelando que permanezcamos en Él. Así ya no tenemos que buscarlo en lo oscuro de la habitación, sino en la luz de nuestro interior. Él, con seguridad, fortalecerá nuestra fe en los momentos difíciles. Él estará y está presente. Él no nos dejó solos, ni nos dejará solos. Su amor echó fuera el temor. Si no le conoces, deja que habite en tu corazón. Si ya le tienes, camina con la seguridad y repite, "Dios mora en mí".

Meditad: Dios habita en mi corazón.

Alabadle: "Tu habitación" interpretada por Miel San Marcos de la producción *Tu Habitación* (2016)

Escrito está:

Juan 14:16-17 / Reina-Valera 1960 (RVR1960)
"Y yo rogaré al Padre, y os dará otro Consolador, para que esté con vosotros para siempre:
el Espíritu de verdad, al cual el mundo no puede recibir, porque no le ve, ni le conoce; pero vosotros le conocéis, porque mora con vosotros, y estará en vosotros."

1 Corintios 3:16 / Reina-Valera 1960 (RVR1960)
"¿No sabéis que sois templo de Dios, y que el Espíritu de Dios mora en vosotros?"

Juan 14:19-20 / Reina-Valera 1960 (RVR1960)

"Todavía un poco, y el mundo no me verá más; pero vosotros me veréis; porque yo vivo, vosotros también viviréis.

En aquel día vosotros conoceréis que yo estoy en mi Padre, y vosotros en mí, y yo en vosotros."

Un Buen Padre

Proverbios 3:11-12 /
Nueva Versión Internacional (NVI)
"Hijo mío, no desprecies la disciplina del Señor,
ni te ofendas por sus reprensiones.
Porque el Señor disciplina a los que ama,
como corrige un padre a su hijo querido."

En unos muñequitos animados usaban una frase que decía "right in the kisser"; en Hispanoamérica se diría "directo al hígado". Ambas frases se refieren a un golpe fuerte que te derriba. He escuchado utilizar estas frases en momentos que te dicen algo que te deja perplejo o sorprendido.

La Palabra de Dios puede ser tan contundente como un golpe directo al hígado, de hecho, como la misma Palabra dice, es tan penetrante como una espada de dos filos (Hebreos 4:12). Dios nos habla con su Palabra y como un padre la utiliza para redargüirnos y reprendernos. Es en esas ocasiones que su Palabra puede ocasionarnos la sensación de un golpe al hígado que nos despierta y nos hace postrarnos a sus pies en arrepentimiento. Tal vez no es una imagen muy grata, pues implica dolor, pero como dice también su Palabra, el Señor a quien ama, disciplina (Hebreos 12: 6-7).

Nuestro Padre nos guía con amor y nos disciplina cuando ponemos excusas, nos descarrilamos, le cuestionamos al no querer hacer su voluntad u obedecerle. Dios utiliza su Palabra como respuesta contundente que nos hace volver por medio del Espíritu Santo al camino correcto.

Si le sirves a Dios, tu mirada debe estar puesta en Él. Cuando tenemos luchas entre el espíritu y la carne vendrán mensajes contundentes y directos de parte de Dios que nos harán despertar de nuestro letargo y nos darán discernimiento, sabiduría y dirección.

Debe llenarnos de gozo, de la forma que nuestro Padre nos ama, cuida y se ocupa de nosotros. Somos bienaventurados al saber y sentir que no nos dejó solos, que nos guía su Espíritu y su Palabra. Nuestro Padre amado no desea que nos perdamos en el camino, con su gracia y misericordia nos cubre.

Cuando sientas que un mensaje contundente llega a tu vida, haces bien en obedecerle porque nuestro Padre Celestial, como todo buen Padre, solo busca nuestro bienestar. Su voluntad es perfecta.

Meditad: Dios es el buen Padre que nos guía.

Alabadle: "Un Buen Padre" interpretada por Passion junto con Pat Barret de la producción *Glorioso Día* (2017).

Escrito está:

Proverbios 15:5 / Reina-Valera 1960 (RVR1960)
"...el necio menosprecia el consejo de su padre; Mas el que guarda la corrección vendrá a ser prudente."

Juan 14:21 / Nueva Versión Internacional (NVI)
"¿Quién es el que me ama? El que hace suyos mis mandamientos y los obedece. Y al que me ama, mi Padre lo amará, y yo también lo amaré y me manifestaré a él."

2 Timoteo 3:16 / Nueva Versión Internacional (NVI)
"Toda la Escritura es inspirada por Dios y útil para enseñar, para reprender, para corregir y para instruir en la justicia".

Me alcanzarás

Gálatas 6:9 / Nueva Versión Internacional (NVI)
"No nos cansemos de hacer el bien, porque a su debido tiempo cosecharemos si no nos damos por vencidos."

Cuando hemos pedido al Señor que nos ayude a dar fruto que nos dirija a cómo servirle bien, podemos llegar al punto de abrumarnos por querer agradarle y no saber cómo.

Dios nos dice en esta hora que no nos afanemos, aún sea siendo por tratar de agradarle. No desesperes en madurar en la fe. Todo a su tiempo, dice el Señor. Charles Spurgeon (Begg, Alistair 2017) escribió en uno de sus devocionales que aún si alcanzáramos el nivel más alto de la montaña en nuestro caminar con Dios aquí en la Tierra, no alcanzaríamos su perfección.

Esto no lo dice para desanimarnos, sino para que esperemos con fe y desarrollemos el fruto de la paciencia. Dios promete escuchar y cumplirá nuestras peticiones, según su voluntad.

Él más que nadie anhela que logres el propósito que tiene deparado para ti y lo harás mientras sigas firme, perseverando en su camino. Él te dice que no ha terminado contigo (Filipenses 1:6).

La perfección la alcanzarás cuando vuelva nuestro amado Cristo.

"Ese día pronto llegará y todo el cansancio, desánimo, obstáculo quedara atrás," dice el Señor. "Descansa ya hijo/a mío, tu propósito lo alcanzarás porque de mi mano estás. Sigue luchando y no te sueltes de mi diestra.

"Sigue glorificando mi nombre, persevera y lucha, aquí estoy contigo. No te dejaré jamás. No importa las veces que caigas en arrepentimiento; te levantaré. Búscame mientras pueda ser hallado. Conóceme. Yo soy Dios que te ama y se place de ti con inmenso amor."

No te rindas.

Meditad: Dios te ama, con amor eterno.

Alabadle: "No te rindas" interpretada por René González de la producción *No te rindas* (2012).

Escrito está:

Filipenses 1:6 / Nueva Versión Internacional (NVI)
"Estoy convencido de esto: el que comenzó tan buena obra en ustedes la irá perfeccionando hasta el día de Cristo Jesús."

Romanos 5:3-4 / Reina-Valera 1960 (RVR1960)
"Y no sólo esto, sino que también nos gloriamos en las tribulaciones, sabiendo que la tribulación produce paciencia;
y la paciencia, prueba; y la prueba, esperanza."

2 Tesalonicenses 3:13 / Nueva Versión Internacional (NVI)
"Ustedes, hermanos, no se cansen de hacer el bien."

El Protagonista

*Juan 8:58 / Nueva Versión Internacional (NVI)
"Ciertamente les aseguro que, antes de que
Abraham naciera, ¡Yo soy!"*

Cada día que tengo el privilegio de vivir, me maravillo más de la sabiduría y el poder de su Palabra. Aún no he leído completa la Biblia, pero al leer y al meditar sobre ella, veo a Jesús.

En cada libro, hay múltiples conexiones que te llevan hacia Él. Hombres del pasado, que fueron coronados por su gracia e inspirados por el Espíritu, escribieron para tocar nuestro presente. Su Palabra es asombrosa; cada versículo puede hablar y llegar al corazón con una diferente interpretación. Un versículo que leíste en algún momento puede mostrarse en otro con gran poder y sabiduría hablando a tu corazón.

En cada libro está su absoluta Presencia. Es una obra real, donde muchos hombres son actores secundarios y cuentan el testimonio de la obra de Dios en sus vidas, pero tienen tres actores principales donde su protagonista es nuestro Salvador Jesús. Él está presente desde la creación; somos obra de su amor.

Él, junto con el Padre, observaba desde las alturas como su creación se apartaba de Él, como se apartaba del Padre. Jesús bajó desde el cielo para cumplir con un angustioso y redentor plan que nos purificaría de todo pecado. El plan que el velo rasgó, simbolizando que ya nada nos apartaba de la Presencia de nuestro Santo Padre. Venció la muerte para acercarnos a su Presencia y para que pudiéramos tener una relación personal con Dios. Resucitó en gloria y poder, dejando en aquellos que en Él creen su Espíritu Santo. Ahora está sentado a la diestra del Padre en majestuosidad, su nombre es sinónimo de excelencia y sus palabras de unción y poder. Prepara nuestros aposentos para que con Él vivamos eternamente en su Reino, cuando vuelva nuevamente a buscarnos.

Nos pide que estemos preparados, que velemos y estemos atentos; pues ese día pronto llegará. No quiere que nos enfoquemos en los acontecimientos, sino en la relación con Él. No dejemos minar nuestra casa y mantengamos la lámpara encendida.

Todo esto lo encontramos en su Palabra, la historia de Jesús de principio a fin. Permitamos que Él sea parte principal de nuestra historia. ¡Que Jesús sea el protagonista de nuestras vidas!

Meditad: Dios quiere ser el protagonista en tu vida.

Alabadle: "Tu Palabra" interpretada por Marcela Gándara de la producción *Más que un anhelo* (2006)

Escrito está:

Hebreos 4:12 / Dios Habla Hoy (DHH)
"Porque la palabra de Dios tiene vida y poder. Es más cortante que cualquier espada de dos filos, y penetra hasta lo más profundo del alma y del espíritu, hasta lo más íntimo de la persona; y somete a juicio los pensamientos y las intenciones del corazón."

Juan 17:17 / Nueva Versión Internacional (NVI)
"Santifícalos en la verdad; tu palabra es la verdad."

Juan 1:14 / Nueva Versión Internacional (NVI)

Diario de un Creyente

"Y el Verbo se hizo hombre y habitó entre nosotros. Y hemos contemplado su gloria, la gloria que corresponde al Hijo unigénito del Padre, lleno de gracia y de verdad."

Jehová de los Ejércitos

Deuteronomio 3:22 /
Reina-Valera 1960 (RVR1960)
"No los temáis; porque Jehová vuestro Dios,
él es el que pelea por vosotros."

Hay días que las malas noticias llueven y los contratiempos pasan uno tras otro con aparente intención. En ese momento de tribulación debemos correr a los pies del Maestro, Consejero y Príncipe de Paz. Es en la tormenta interior que con desesperación buscamos oír de Él y Él nos espera en el silencio para decirnos, "Aquí estoy".

En esta mañana, que anhelaba su cercanía y fuerzas, me mostró en su Palabra cómo Israel con temor salía al encuentro de reyes y ejércitos. Batalla tras batalla, Dios entregaba la victoria en sus manos. Ese día, abrumada recurrí a mi esposo por consuelo y me dijo pelearemos una batalla a la vez. Cuando recurrí a mi Dios a buscar fortaleza, consuelo y paz, Él me mostró en su Palabra que esas batallas no las llevamos solos. Nos acompaña Jehová de los ejércitos, y Él pelea nuestras batallas.

"Arrepentíos de vuestros pecados y persevera en mis mandamientos, con la confianza de que Yo estoy contigo y peleo por ti."

No importa la situación que estés pasando, de rodillas se alcanza la victoria. Ven a Él y abrirá tus ojos y te mostrará su amor e infinita misericordia. Te llamará por tu nombre y en un abrazo, una emboscada de amor te dirá, "Aquí estoy, no estás solo. Yo peleó por ti". En ese instante Dios derramará su paz y el Príncipe de Paz no será solo un título, sino realidad en tu vida.

Meditad: Dios pelea nuestras batallas.

Alabadle: "Mi refugio" interpretada por Daniel Calvetti de la producción *Mi Refugio* (2012).

Dayanara

Escrito está:

Jeremías 31:35 / Reina-Valera 1960 (RVR1960)
"Así ha dicho Jehová, que da el sol para luz del día, las leyes de la luna y de las estrellas para luz de la noche, que parte el mar, y braman sus ondas; Jehová de los ejércitos es su nombre"

1 Samuel 17:45 / Reina-Valera 1960 (RVR1960)
"Entonces dijo David al filisteo: Tú vienes a mí con espada y lanza y jabalina; más yo vengo a ti en el nombre de Jehová de los ejércitos, el Dios de los escuadrones de Israel, a quien tú has provocado."

Éxodo 14:14 / Reina-Valera 1960 (RVR1960)
"Jehová peleará por vosotros, y vosotros estaréis tranquilos."

Medalla reluciente

2 Timoteo 4:7-8 / Reina-Valera 1960 (RVR1960)
"He peleado la buena batalla, he acabado la carrera, he guardado la fe.
Por lo demás, me está guardada la corona de justicia, la cual me dará el Señor, juez justo, en aquel día; y no sólo a mí, sino también a todos los que aman su venida."

El 2 de septiembre de 2016 se publicó una noticia en el periódico (El Nuevo Día), y esta me llamó la atención. La Liga Atlética de Atletismo escenificó una carrera de los 400 metros con vallas. Según el reportaje, fue un gran año para ambos corredores, pero quien ganó, no fue lo que llamó mi atención en la noticia, sino sus respuestas y percepción sobre la carrera. Uno de los corredores que llegó segundo escribió en un "tweet":

"No gané el campeonato, pero estoy satisfecho con mi labor, agradecido de la bendición de Dios. Lo único que le pedí era cruzar la meta, sin importar la posición. Siempre consistente. Amén."

El ganador de esta confirmó en una entrevista pos-carrera y dijo: "Cuando todo iba mal, mantuve mi confianza en Dios..." El que dos creyentes corrieran en la misma carrera no fue lo que me atrajo de la noticia; obviamente esto puede pasar sin ser divulgado. Lo que me estuvo curioso es que ambos confesaran públicamente su fe y que ambos oraron por la misma carrera, buscando el favor de Dios. Uno llegó campeón y el otro subcampeón.

Dios habló a mi vida a través de este suceso. Meditando en Él, me mostró esta frase concerniente a sus hijos. "Todos caminan el mismo camino." Yo no entendía que Dios quería decirme con esto. Me decía, si somos diferentes no podemos caminar el mismo camino hacia Dios. Dios me mostró una mañana su respuesta con estas palabras:

"Todos los caminos son los mismos, porque van directos hacia mí. El camino es el mismo; la diferencia está en los obstáculos. Los obstáculos y pruebas, Yo los permito para su transformación.

El camino es perfecto y conduce a mi presencia y gloria. Al final, yo pondré una medalla reluciente en tu cuello para mi gloria y honra". El perfecto camino es su Hijo, Jesucristo.

"Yo soy fuego consumidor para que me temas y soy amor para tu consuelo y reconciliación. Mi autoridad y misericordia son una en mí. Serás bendecido y eres bendecido. Ve, trabaja y prospera, porque Yo estoy contigo. Yo soy el Dios que te ama y te ve."

Para Dios, ambos atletas son campeones. Corren con confianza en Dios y este concedió a ambos la petición de su corazón. La carrera es la misma; la diferencia son los obstáculos y como los sobrepasemos. No es importante quién llegue primero, ni después. Lo importante es que llegues a la meta, quien permanece en la carrera. Lo importante es que alcancemos su Reino. Al final tendremos una medalla de oro reluciente en nuestro pecho, símbolo de que ganamos la carrera de la fe y de que estamos con Cristo. ¡Finalicemos bien la carrera!

Meditad: Dios nos espera en la meta.

Alabadle: "Correré" interpretada por Danilo Montero de la producción *La Carta Perfecta (En Vivo)*, (2013).

Escrito está:

1 Corintios 9:24 / Nueva Versión Internacional (NVI)
"¿No saben que en una carrera todos los corredores compiten, pero solo uno obtiene el premio? Corran, pues, de tal modo que lo obtengan."

Hebreos 12:1 / Nueva Versión Internacional (NVI)
"Por tanto, también nosotros, que estamos rodeados de una multitud tan grande de testigos, despojémonos del lastre que nos estorba, en especial del pecado que nos asedia, y corramos con perseverancia la carrera que tenemos por delante."

Isaías 48:17 / Dios Habla Hoy (DHH)
"Así dice el Señor, tu redentor,
el Dios Santo de Israel:
Yo soy el Señor tu Dios;
yo te enseño lo que es para tu bien,
yo te guío por el camino que debes seguir."

Un amor inigualable

Efesios 3:18-19 / Reina-Valera 1960 (RVR1960)
"...seáis plenamente capaces de comprender con todos los santos cuál sea la anchura, la longitud, la profundidad y la altura, y de conocer el amor de Cristo, que excede a todo conocimiento, para que seáis llenos de toda la plenitud de Dios."

Mis versículos favoritos, Efesios 3:18-19, hablan de lo profundo, largo, alto y ancho del amor de Dios. En mi pensamiento humano, aún no hay cabida para comprender lo grande que es Su amor. Es ciertamente incomprensible que alguien haya pagado tan alto precio por relacionarse con nosotros, su creación. Podemos tratar de entender este gran amor inmerecido comparando su amor con lo infinito del universo o hacerlo semejante al amor inmenso que sentimos por nuestros hijos. Aun así, nuestro entendimiento no basta para definirlo. La Palabra no solo nos dice que Dios nos da amor, sino que Él es amor. Él es ese sentimiento puro que está en un abrazo, una sonrisa, una mano amiga, el perdón...

Hay una canción interpretada por Christine D'Clario que, como miles de canciones, intenta expresar cómo es su amor comparándolo con el amor de un padre, de un hermano y como el de un león protector. Su amor es inigualable, abarca todo y es todo. Desde que tengo el privilegio de conocerle, más anhelo sentir su amor y maravillosa presencia. Al conocerlo es inevitable no amarle o intentar amarle de igual manera.

Cuando le conocemos su amor, entra a nuestro corazón y comienza a transformar nuestras vidas. Ya no nos cuesta sonreír, ni el ayudar, ni el sentir compasión; nace de nuestro ser. Aprendemos a amar y a perdonar como Él nos perdonó. Poco a poco o con urgencia, Dios nos va transformando en amor. Es un amor inigualable que atrae y completa a los millones que le conocen, aman y sirven, esparciendo su amor. Él es amor y nos anima a dar su amor a manos llenas. Haz de su amor tu prioridad, dale cabida en tu corazón y empieza este día con una sonrisa.

Meditad: Dios es amor abundante y firme.

Alabadle: "Como dijiste" interpretada por Christine D'Clario de la producción *De Vuelta al Jardín* (2011)

Escrito está:

1 Juan 3:1 / Nueva Versión Internacional (NVI)
"¡Fíjense qué gran amor nos ha dado el Padre, que se nos llame hijos de Dios! ¡Y lo somos! El mundo no nos conoce, precisamente porque no lo conoció a él."

Salmos 59:16 / Nueva Versión Internacional (NVI)
"Pero yo le cantaré a tu poder,
y por la mañana alabaré tu amor;
porque tú eres mi protector,
mi refugio en momentos de angustia."

Hebreos 2:11 / Reina-Valera 1960 (RVR1960)
"Porque el que santifica y los que son santificados, de uno son todos; por lo cual no se avergüenza de llamarlos hermanos."

"Bias"

Lucas 12:52 / Nueva Traducción Viviente (NTV)
"De ahora en adelante, las familias estarán divididas, tres a mi favor y dos en mi contra, o dos a favor y tres en contra."

Cuenta mi hijo que, en su clase de inglés, le preguntaron la definición de *bias*, palabra en inglés de "parcialidad" en español. Esto significa: "designio anticipado o prevención en favor o en contra de alguien o algo, que da como resultado la falta de neutralidad o unión de algunas personas que se confederan para un fin, separándose del común y formando un cuerpo aparte". En ese momento él manifestó que no entendía bien su significado, pero escribió sobre esa palabra para un trabajo escolar, oraciones que le hacían sentirse que estaba en contra o a favor de ciertos temas en particular. En una de sus oraciones escribió que estaba en contra de los que hablaban mal de Dios, los que decían que Dios no existía. Le pregunté por qué había escrito esto. Él me contestó que lo escribió, porque se sentía mal cuando decían que Dios no era real.

Leía en su Palabra, Lucas 2:25-35, las palabras de Simeón a María, y esto me ayudó a comprender el significado de *bias*. Simeón, en el Espíritu, habló de la paz que le traía haber visto al Señor, el niño Jesús, la salvación de Dios. "Luz para revelación a los gentiles y gloria para su pueblo Israel", dijo Simeón en aquel momento.

La revelación a los gentiles (nosotros) de esa salvación de Dios era un tema que trajo mucha controversia, incluso para Pedro (léase Gálatas 2:11-14). Pues, se creía que los conversos gentiles tenían convertirse en judíos para poder seguir a Cristo, lo que dificultaba su evangelización. Definitivamente esto trajo mucha parcialidad o *bias*, mucha gente a favor y mucha gente en contra. Debemos dar gracias a Dios que su plan era a favor de todos los que en Él creen. Desde un principio era para toda la humanidad y no solo para un grupo de personas. Aun así, aunque Dios da oportunidad a todos de conocerle, no todos le siguen y vivimos divididos, unos a favor y otros en contra del Salvador.

Dayanara

La persona de Jesús misma era una parcialidad. Él con su presencia va a atraer personas que estén a su favor, pero también va a generar y generó división con personas que estaban en su contra. Para nosotros, los cristianos y discípulos de Cristo, la crucifixión de Cristo no es un hecho lejano, es un hecho viviente. Es una parcialidad donde vivimos la dualidad cuando nos dolemos de saber a Jesús siendo crucificado en una cruz; pero a la vez, por fe reconocemos la grandeza de su amor con ese sacrificio y nos regocijamos de saberlo resucitado. Tenemos en nuestra mente esa imagen de victoria.

Así siente mi hijo una parcialidad hacia Cristo. Cuando dicen que Dios no existe su corazón se entristece, ya que su corazón ha reconocido, al igual que Simeón, que Jesús es su Salvador. Reconozcamos la divinidad de la luz de Jesús en nuestro caminar. Sentiremos la aflicción como una espada que atraviesa nuestra alma cuando le rechacen, pero el gozo de ser parciales en Cristo y vivir en su favor y presencia es mayor que cualquier prueba. ¡Qué hermoso es tenerte, Jesús!

Meditad: Dios es imparcial, pero genera parcialidad.

Alabadle: "Te deseo" interpretada por Majo y Dan de la producción *Majo y Dan* (2018).

Escrito está:

Juan 8:12 / Nueva Traducción Viviente (NTV)
"Jesús habló una vez más al pueblo y dijo: «Yo soy la luz del mundo. Si ustedes me siguen, no tendrán que andar en la oscuridad porque tendrán la luz que lleva a la vida»".

Mateo 10:38 / Nueva Versión Internacional (NVI)
"y el que no toma su cruz y me sigue no es digno de mí."

Lucas 2:28-32 / Reina-Valera 1960 (RVR1960)
"Él le tomó en sus brazos, y bendijo a Dios, diciendo:
Ahora, Señor, despides a tu siervo en paz,
Conforme a tu palabra;
Porque han visto mis ojos tu salvación,
La cual has preparado en presencia de todos los pueblos;
Luz para revelación a los gentiles,
Y gloria de tu pueblo Israel."

El cuidado de lo santo

Números 4:15 / Reina-Valera 1960 (RVR1960)
"Y cuando acaben Aarón y sus hijos de cubrir el santuario y todos los utensilios del santuario, cuando haya de mudarse el campamento, vendrán después de ello los hijos de Coat para llevarlos; pero no tocarán cosa santa, no sea que mueran. Estas serán las cargas de los hijos de Coat en el tabernáculo de reunión."

¿Han conocido a un coleccionista de tarjetas o cartas? ¿Han visto como cuidan su propiedad? Cómo no permiten que se doblen o se arruguen. Cómo cubren sus tarjetas hasta del polvo. Así mismo es Dios con lo que es suyo. En la Biblia, en Números 4, vemos como Aarón y sus hijos tienen a su cuidado los materiales del tabernáculo de reunión, según las instrucciones dadas por Dios para su cuidado. El tabernáculo de reunión era por Dios y para Dios; cada artículo que allí estaba era santificado. Dios cuidaba de cada detalle del tabernáculo, al punto que nos hace preguntar por qué tanto cuidado y detalle.

Semejante a los coleccionistas que cuidan de sus tarjetas porque estas tienen importancia para ellos por su valor monetario, pero también su valor sentimental, Dios cuida de lo que le pertenece porque le importa. Ese tabernáculo era su lugar de reunión para relacionarse con su amada creación, el ser humano. Era un lugar santo. Dios no deja atrás su autoridad, pero el cuidado que le daba a ese lugar era mucho más que un entretenimiento de coleccionista. Él protegía su relación con sus hijos y a sus hijos. Protegía a los que le servían para que no murieran. Guardaba con celo su relación con el hombre.

Así como con el tabernáculo, Dios guarda y cuida con celo a los que en Él creen y le sirven. Cuando entregamos nuestras vidas a Dios, nos convertimos en suyos; nos convertimos en sus hijos. Nos guarda y cuida como trofeos. Somos su obra maestra. Nos restaura si el pecado nos daña, nos limpia del pecado que cae sobre nosotros con el pasar del tiempo, nos guarda en la lámina protectora de su Espíritu, muestra su obra redentora con amor y nos conserva para una eternidad en su amor.

Meditad: Dios cuida de los que le aman.

Alabadle: "No duerme el que me cuida" interpretado por Gilberto Gaza de la producción *A los brazos de Papá* (2014)

Escrito está:

Job 10:12 / Reina-Valera 1960 (RVR1960)
"Vida y misericordia me concediste,
Y tu cuidado guardó mi espíritu."

2 Timoteo 4:18 / Nueva Versión Internacional (NVI)
"El Señor me librará de todo mal y me preservará para su reino celestial. A él sea la gloria por los siglos de los siglos. Amén."

Salmos 121:7-8 / Nueva Versión Internacional (NVI)
"El Señor te protegerá;
de todo mal protegerá tu vida,
El Señor te cuidará en el hogar y en el camino,
desde ahora y para siempre."

El Poder de su Palabra

*Hebreos 4:12 / Reina-Valera 1960 (RVR1960)
"Porque la palabra de Dios es viva y eficaz, y más cortante que toda espada de dos filos; y penetra hasta partir el alma y el espíritu, las coyunturas y los tuétanos, y discierne los pensamientos y las intenciones del corazón."*

La Palabra de Dios es el único libro que te habla más allá de las palabras escritas. Es una guía viviente para el ser humano. Un libro inspirado con el poder de Dios. Un libro que se deja sentir como espada de dos filos en lo más profundo de nuestro ser y espíritu (Hebreos 4:12). Es el medio que Dios utiliza para hablarnos. Cuando leemos su Palabra, nos inspira y transforma; Dios se comunica y nos llena de su Presencia. Es un hecho inexplicable que se hace real en nuestras vidas cuando nos dejamos guiar por su Espíritu, creyendo con todo el corazón.

Dayanara

Es lamentable que, debido a su trascendencia, muchos versículos de la Biblia se repitan hasta el cansancio por personas que no creen en la obra transformadora de la Palabra de Dios. Sin su Espíritu, las palabras ahí contenidas se vuelven vacías, sin presencia. Como un estribillo de canción de moda, pierden su significado. La Palabra de Dios no es un libro de texto, es Palabra viva que, revelada por su Espíritu, nos mueve a conocer más de Dios. El Espíritu Santo de Dios es quien abre nuestros ojos para entender lo que Dios quiere mostrarnos en sus Sagradas Escrituras. No son palabras humanas, son Palabras Divinas.

Es por lo que no podemos tomar su Palabra a la ligera. No podemos utilizarla como un amuleto diario para tener una mejor suerte. No podemos usar su Palabra para rechazar, ni herir, ni señalar para engrandecernos o sentirnos súper espirituales. Memorizar un versículo no es una moda, sino la espada de nuestra fe para librarnos del mal, para reconfortarnos y fortalecernos en los momentos más difíciles, para llenarnos de su presencia y gozo, para recordarnos de sus promesas y sacrificio. La Palabra acerca a Dios a su creación y a sus hijos a el Padre Celestial, el conocerle nos atrae como un imán a su Presencia.

Conoce a Dios por medio de su Palabra, atesórala, y guárdala en tu corazón.

Meditad: Dios nos habla por medio de su Santa Palabra.

Alabadle: "El Poder de tu Palabra" interpretada por Danny López junto Rene González de la producción *Colección Acústica: Música de meditación* (2014).

Escrito está:

2 Timoteo 3:16-17 / Reina-Valera 1960 (RVR1960)
"Toda la Escritura es inspirada por Dios, y útil para enseñar, para redargüir, para corregir, para instruir en justicia, a fin de que el hombre de Dios sea perfecto, enteramente preparado para toda buena obra."

Santiago 1:22 / Nueva Versión Internacional (NVI)
"No se contenten solo con escuchar la palabra, pues así se engañan ustedes mismos. Llévenla a la práctica."

1 Pedro 2:2 / Nueva Versión Internacional (NVI)
"deseen con ansias la leche pura de la palabra, como niños recién nacidos. Así, por medio de ella, crecerán en su salvación."

No me suelta

2 Corintios 12:9 / Reina-Valera 1960 (RVR1960)
"Y me ha dicho: Bástate mi gracia; porque mi poder se perfecciona en la debilidad. Por tanto, de buena gana me gloriaré más bien en mis debilidades, para que repose sobre mí el poder de Cristo."

Cuando me siento débil en mi batallar diario y necesito a Dios, Él me recuerda que su poder se perfecciona en mi debilidad. Es Dios, el Jesús que camina sobre las aguas con vientos contrarios y se presenta para decirme: "No temas, soy Yo" (2 Corintios 12:9).

Aún en la vergüenza de mi debilidad, no dejo de buscarle porque sé que buscarle es precisamente lo que Él quiere. Ya no sé vivir sin Dios. No sé cómo estar sin su presencia y amistad.

Diario de un Creyente

Cuando le fallamos y resbalamos durante nuestro caminar hacia Él dilatamos el estar en Su Presencia. La vergüenza nos aleja de Él, pero ¿por qué, si no podemos escondernos? Él conoce nuestra debilidad. Corremos hacia Él, le pedimos que quite todo lo que no sea de su agrado. En ocasiones, Él no quita nuestra debilidad, solo contesta: "Bástate mi gracia, mi poder se perfecciona en tu debilidad" (Mateo 14:27). Dios nos responde:

"Sino tuvieras momentos de debilidad en ti, tu seguridad en ti te llevaría a la autosuficiencia. Yo quiero que me necesites, porque me necesitas. Quiero que me cuentes, me digas, me busques. No quiero que crees falsas seguridades. Soy tu amigo, te conozco más de lo que te conoces a ti mismo. Te recuerdo que estés quieto, sé con qué estas luchando, conozco tu debilidad. Deja que manifieste mi poder en tu vida.

"Yo deseo fervientemente que estés conmigo. La voluntad del Padre, quien me envió, es que todo lo que me diere, no lo pierda. No deseo perderte, no te alejes de mí. No te avergüences. No dejes que la culpa te aleje de mí. El que a mí viene, no lo echo fuera. Nada te separa de mi amor, nada te separa de mí. Eres mi hijo/a amada. Guarda mis

mandamientos, obedece mis mandatos, déjate guiar por mi Espíritu."

Cuando caemos, Dios nos levanta y sujeta con su diestra poderosa (Isaías 41:10). Demos gracias a Dios por ser nuestro respirar, su amor, misericordia y sacrificio. Su gracia y su poder nos sostiene.

Meditad: Dios nos da nuevas fuerzas.

Alabadle: "Tus cuerdas de amor" interpretada por Julio Melgar junto a Lowsan Melgar-sencillo (2019).

Escrito está:

Isaías 41:10 / Nueva Versión Internacional (NVI)
"Así que no temas, porque yo estoy contigo;
no te angusties, porque yo soy tu Dios.
Te fortaleceré y te ayudaré;
te sostendré con mi diestra victoriosa."

Mateo 14:27 / Reina-Valera 1960 (RVR1960)
"Pero en seguida Jesús les habló, diciendo: !!Tened ánimo; ¡yo soy, no temáis!"

Juan 6:37 / Reina-Valera 1960 (RVR1960)
"Todo lo que el Padre me da, vendrá a mí; y al que a mí viene, no le echo fuera."

Se agrada de mí

2 Samuel 22:20 / Reina-Valera 1960 (RVR1960)
"Y me sacó a lugar espacioso;
Me libró, porque se agradó de mí."

¿Cuántos pueden decir en voz alta, "Dios se agrada de mí"? Muchos lo dirán con convicción, otros con dudas o pena. Muchas veces necesitamos la seguridad de Dios que viene con su Palabra, la que asegura que Él se agrada y se deleita en nosotros.

Estas palabras de David se repiten en las escrituras en Salmos 18:19 y 2 Samuel 22:20. David, un rey que en incontables ocasiones le falló a Dios, escribió esto. ¿Cómo puede agradarle? David era un hombre conforme al corazón de Dios; le rendía honor y gloria, sentía temor de Dios y se arrepentía de sus fallas con todo su corazón.

David no se cansó de perseverar en los caminos de Dios. No se cansaba de seguirle, de buscar refugio en Dios. Así como David, nosotros también debemos estar conectados con Dios, perseverando y buscando esa comunión tan especial con Dios. Siguiendo el modo de vida que es agradable a sus ojos. Dios quiere que sigamos progresando y acercándonos a Él.

Joyce Meyer en su libro, *Dios no está enojado contigo* (2013), menciona precisamente esto, que Dios no está molesto contigo. Él no se place de tu conducta, pero sí del amor que sientes por Él y de tu deseo de progresar y servirle. Así que repite esta frase con la seguridad que te da el Padre que te ama: "Dios se agrada de mí". Él está mirándonos desde el cielo, sonriendo a sus hijos/as, porque nos ama y quiere nuestro bien. ¡Busquemos agradarle día a día!

Meditad: Dios nos ve con ojos de agrado.

Alabadle: "Dios me ama" interpretada por Thalles Roberto junto a Danilo Montero de la producción *Dios me ama* (2015).

Escrito está:

Salmos 18:19 / Reina-Valera 1960 (RVR1960)
"Me sacó a lugar espacioso;
Me libró, porque se agradó de mí."

Jeremías 31:3 / Reina-Valera 1960 (RVR1960)
"Jehová se manifestó a mí hace ya mucho tiempo, diciendo: Con amor eterno te he amado; por tanto, te prolongué mi misericordia."

Oseas 14:4 / Reina-Valera 1960 (RVR1960)
"Yo sanaré su rebelión, los amaré de pura gracia; porque mi ira se apartó de ellos."

Digno de toda alabanza

Salmo 96:4 / (LBLA)
"Porque grande es el SEÑOR, y muy digno de ser alabado; temible es Él sobre todos los dioses."

Cada despertar es una nueva canción, una canción de la autoría de Dios en nuestras vidas. Cada amanecer es una alabanza, una oportunidad más para adorar al Dios que renueva su misericordia para con sus hijos cada día. Su ser es digno de toda alabanza y tributo eterno.

Nuestro Dios es seguro; Él nunca cambia. ¿Cómo no hemos de adorarle?

Tú, Dios, eres el dador de toda vida, de la muerte del pecado nos recogiste y redimiste. Grande precio pagaste, oh Señor. Nos llamaste escogidos, y nuevas criaturas somos en ti por tu gracia y tu misericordia renovada. Cada aliento de vida te lo debemos a ti nuestro Dios, Omnisciente, Omnipotente y Omnipresente.

Adoremos al Dios personal que nos conoce desde el vientre de nuestras madres. Alabemos su Omnisciencia, al Dios que le interesa lo que ocupa nuestra mente y corazón.

Exaltemos al Dios Padre que nos cuida y nos protege, quien es nuestra torre fuerte, refugio, fuente de agua viva y Príncipe de Paz. Al que conoce todos nuestros pasos y guía nuestro caminar. Al que nunca nos abandona, ni nos desamparará.

Reconozcamos y ensalcemos el nombre del Dios Todopoderoso, Creador del cielo y de la tierra, de todo lo que existe. Al que nos hizo a su imagen y semejanza, dándonos de su respiro y soplo de vida. El que calla tempestades, al fuego consumidor y al que apacigua las aguas del mar. Alfa y Omega eres también, Señor

Él es el arquitecto de nuestro plan de salvación, El que ofrendó a su Hijo, El Cordero viviente, El Dios compasivo que caminó entre los hombres para regalarnos su perdón. Con su propio sufrimiento y dolor nos hizo libres por su inmenso amor. Su pasión la cargó toda en una cruz por nuestros pecados. Enfrentó la muerte por ti y por mí. Jesús, Rey vencedor, Dios Todopoderoso y Señor de Señores, gracias por tu misericordia y gracia, por el poder de tu resurrección que nos acercó más a tu divina presencia.

Dios íntimo que nos dejaste al Gran Consolador, al Espíritu Santo, sólo tú eres digno de toda alabanza y adoración. Sólo ante ti nos inclinamos y aleluya exclamamos. No hay deidad, ídolo, ni cosa viviente que se compare con nuestro Dios. A Él que se ha dado todo, le ofrendamos todo nuestro ser. Amén.

Medita: Dios dio todo por nosotros.

Alabadle: "Digno" interpretada por Ivonne Muñoz y Marcos Brunet del álbum *Amanecer* de Marcos Barrientos (2014).

Escrito está:

Juan 3:16 / Reina-Valera 1960 (RVR1960
Porque de tal manera amó Dios al mundo, que ha dado a su Hijo unigénito, para que todo aquel que en él cree, no se pierda, más tenga vida eterna."

Salmos 139:1-4 / Nueva Versión Internacional (NVI)
"Al director musical. Salmo de David.
Señor, tú me examinas,
tú me conoces.
Sabes cuándo me siento y cuándo me levanto;
aún a la distancia me lees el pensamiento.
Mis trajines y descansos los conoces;
todos mis caminos te son familiares.
No me llega aún la palabra a la lengua
cuando tú, Señor, ya la sabes toda."

Salmos 139:7-10 / Nueva Versión Internacional (NVI)
"¿A dónde podría alejarme de tu Espíritu?
¿A dónde podría huir de tu presencia?
Si subiera al cielo, allí estás tú;
si tendiera mi lecho en el fondo del abismo,
también estás allí.
Si me elevara sobre las alas del alba,
o me estableciera en los extremos del mar,
aun allí tu mano me guiaría,
¡me sostendría tu mano derecha!"

En todo

Efesios 1:22-23 / Reina-Valera 1960 (RVR1960)
"...y sometió todas las cosas bajo sus pies, y lo dio por cabeza sobre todas las cosas a la iglesia, la cual es su cuerpo, la plenitud de Aquel que todo lo llena en todo."

Creo que a todos nos ha pasado que pensamos que se nos perdió algo y buscamos por todas partes y lo tenemos de frente en nuestras narices, como menciona el dicho. Escuché a alguien importante para mí decir, "He hecho de todo. Tengo lo que necesito, he vivido, pero hay algo que me falta, un vacío que no logro llenar".

¿Qué es lo que necesita? ¿Cómo puede llenar su vacío? Esa inquietud que siente solo gira en torno a alguien que siempre ha estado presente esperando. ¿Cuántos hemos vivido o viven la misma situación? Necesitan llenar un vacío.

Diario de un Creyente

Algunos lo llenan con alcohol o drogas, para relajarse o como dicen ahogar las penas. Otros buscan llenarlo en el pub más cercano para tener un momento de felicidad, otros lo buscan en la riqueza y el materialismo buscando llenar los vacíos con el "tengo" y el "envídienme". Otros lo buscan en las apariencias, "miren todos mi 'selfie' y que bien me va en la vida". Otros son más simples y buscan llenar sus vacíos con distracciones que si el celular, el Facebook, YouTube, los artistas y la vida de los demás.

Cuando reflexionamos, en realidad nos damos cuenta de que ese vacío sigue ahí. ¿Por qué? Porque todo lo que hagamos para llenarlo es pasajero, no perdura. ¿Por qué? Porque solo hay un ser que puede llenarlo de manera permanente — Dios.

Él está siempre presente, esperando tu invitación. Él te da la paz para que descanses, Él consuela tus penas con amor, sana tus heridas, te da justo lo que necesitas y no tienes necesidad de tener, sino de dar. Ya no muestras para que te envidien; compartes porque amas.

Él ve tu interior. Ya no tienes que vivir en la apariencia porque te ama tal cual eres y ve tu corazón. Tus distracciones se vuelven menos porque una vez que lo dejas llenar tus vacíos, buscarás tiempo para conocerle. No te equivoques. Seguirás viviendo en este mundo, pasarás experiencias buenas y malas también, pero Él te acompañara en todas, como siempre lo ha hecho, solo que ahora lo verás aún en los detalles más pequeños.

Cuando alguien te sonríe, cuando un niño te abraza y besa en el momento justo y sin pedirlo, cuando ves un hermoso amanecer, cuando te sientes fuerte en un momento que no esperabas estarlo, cuando te brindan una mano amiga, cuando te has visto ansioso por algo y te das cuenta de que no era para tanto, cuando tu mascota te recibe, cuando recibes una buena noticia, cuando alguien te trata con amabilidad y cariño sin tú esperarlo... Ahí está Dios, siempre a tu lado en control de todo. En las buenas y en las no tan buenas estuvo y está ahí presente, esperando que veas su gran amor en los pequeños detalles. Invita a su Hijo a tu vida. Invítalo a llenar tus vacíos. Él es el único que puede y lo hará hasta que sobreabunde. Si sientes esa inquietud, es que Él está llamándote. Búscalo. Él quiere que lo conozcas realmente. Nunca te dejará, es una promesa. Él te ama.

Meditad: Dios quiere ser parte de tu vida.

Alabadle: "Dios está aquí" interpretada por Miel San Marcos de la producción *Como en el Cielo* (2015).

Escrito está:

Salmos 73:25 / Reina-Valera 1960 (RVR1960)
"¿A quién tengo yo en los cielos sino a ti?
Y fuera de ti nada deseo en la tierra."

Juan 4:14 / Nueva Versión Internacional (NVI)
"...pero el que beba del agua que yo le daré no volverá a tener sed jamás, sino que dentro de él esa agua se convertirá en un manantial del que brotará vida eterna."

Sofonías 3:17 / Nueva Traducción Viviente (NTV)
"Pues el Señor tu Dios vive en medio de ti.
Él es un poderoso salvador.
Se deleitará en ti con alegría.
Con su amor calmará todos tus temores.
Se gozará por ti con cantos de alegría."

Siempre te amo

Jeremías 31:3 / Reina-Valera 1960 (RVR1960)
"Jehová se manifestó a mí hace ya mucho tiempo, diciendo: Con amor eterno te he amado; por tanto, te prolongué mi misericordia."

Era uno de esos días que tenemos todos, cuando nuestro humor no es el mejor, aun haciendo nuestro mayor esfuerzo. Me pasó que comencé a sentirme mal por algo que había dicho. Le explique a mi esposo qué me pasaba y él me dijo que al hablar tenía la tendencia de utilizar los "siempre" y los "nunca" de manera generalizada y negativa, pero que él siempre me amaba.

En otro momento del día, me acordé de que mi hijo había dejado los trastes sucios, y cuando le vi toque su cabello y le dije, "Sabes, aunque no hayas fregado tus trastes, siempre te amo". Así mismo, alabando al Señor en la iglesia, el Espíritu de Dios dijo a mi corazón de igual manera. *Siempre te amo*. Me sentí sobrecogida por su gran amor. Aun habiendo fallado, Él me recordaba que siempre su amor por mí estaba presente.

Entendí que el definitivo de "siempre" y "nunca" lo estaba usando de manera negativa cuando existían unos "siempre" y "nunca" que llenan el espíritu de gozo, de esperanza y consuelo. Son los "siempre" de Dios, como en Jeremías 31:3, que habla de su amor eterno, un amor por siempre.

Existe un "nunca" de Dios, como en Hebreos 13:5, "Nunca te dejaré o te desamparare".

Dios no se da a medias y no ofrece su corazón en pedazos. Dios lo da todo. Es absoluto en sus actos y así de absoluto, total y perfecto es su amor que lo demostró dando a su Hijo en sacrificio vivo por ti y por mí. Demos nosotros también a Él nuestro corazón, espíritu y dependencia total a aquel que nos amó primero y siempre nos amará.

Meditad: Dios es amor.

Alabadle: "Tu amor no tiene fin" interpretado por Generación 12 junto a Redimi2 de la producción *Seamos Luz* (2017).

Escrito está:

1 Juan 4:16-18 / Reina-Valera 1960 (RVR1960)
"Y nosotros hemos conocido y creído el amor que Dios tiene para con nosotros. Dios es amor; y el que permanece en amor, permanece en Dios, y Dios en él."

Juan 15:13 / NVI
"Nadie tiene amor más grande que el dar la vida por sus amigos."

Hebreos 13:5-6 / Nueva Versión Internacional (NVI)
"Manténganse libres del amor al dinero, y conténtense con lo que tienen, porque Dios ha dicho: Nunca te dejaré; jamás te abandonaré."

Un nuevo nombre

Génesis 32:26-28 /
Reina-Valera 1960 (RVR1960)
"Y dijo: Déjame, porque raya el alba. Y Jacob le respondió: No te dejaré, si no me bendices. Y el varón le dijo: ¿Cuál es tu nombre? Y él respondió: Jacob.
Y el varón le dijo: No se dirá más tu nombre Jacob, sino Israel; porque has luchado con Dios y con los hombres, y has vencido."

Recordando mi pasado y pensando en mi presente, he reflexionado sobre la obra que ha hecho Dios en mi vida y lo que le resta por hacer. Esto me llevó a meditar sobre Jacob y su lucha con el ángel de Dios. Jacob era un ser complicado y que solo pensaba en su bienestar, como lo hemos hecho todos alguna vez. Engañó a su padre y a su hermano, robándole la primogenitura y la bendición. Estuvo huyendo por 21 años hasta que se encontró con lo sagrado y comenzó a luchar con éste por su bendición.

Así vamos nosotros en la vida, buscando con nuestras propias fuerzas nuestra bendición. Ponemos otras satisfacciones en lugar de la que debe ser la primera, la única que debe ser real en nuestras vidas. Hasta que no podemos más, y Dios toca a nuestra puerta, comenzamos a luchar con lo que quiere nuestra carne y espíritu, buscando ser bendecidos como Jacob con el Ángel de Dios. Hasta que reconocemos nuestras fallas, debilidades, nos vemos tal cual somos y nos rendimos ante el poderoso y misericordioso Dios.

El ángel le preguntó a Jacob, "¿Cuál es tu nombre?" Este reconoció, "Yo soy Jacob". Jacob el engañador, el que decepcionó a su padre y a su hermano. El ángel de Dios le puso en esa misma hora un nombre nuevo. Lo llamó Israel y lo bendijo.

Así como Jacob, cuando desfallecemos cansados de luchar, reconocemos nuestros pecados, lloramos de arrepentimiento y reconocemos a nuestro Dios. Postrándonos ante Él decimos, "Tú eres nuestro Dios, nos rendimos ante ti. Tú eres nuestro único Salvador, haz de mí conforme a tu voluntad". Dios Padre, con su misericordia nos recoge cuál pastor y nos dice, "Ahora, eres una nueva criatura. Eres mi hijo yo te bendeciré". Ciertamente Dios bendijo a Jacob, como relató Stephen Furtick, pastor de Elevation Church en una predicación titulada "Just Call Me Jacob" ["Solo dígame Jacob"] (2016). Reflexionó diciendo que la Biblia en ocasiones lo llama Jacob y en otras Israel, porque nuestra carne y espíritu no dejan de luchar. Pero cuando Dios lo nombra al hablar con Moisés, dice que Él es el Dios de Jacob, no el Dios de Israel, su nuevo nombre. Porque Dios ama lo que fuiste, ama lo que eres y ama lo que serás. Lo que no ama es el pecado.

Él no guarda registro de tus fallas. Él es tu Dios en tus victorias y tus derrotas, tu Dios con tus fortalezas y debilidades. Él ama su creación en ti y tu proceso, y sabe cuál será el producto final. Él es el Dios de Jacob, el Dios de Israel. Él es tu Dios, el Dios que te ama.

Meditad: Dios nos ama y transforma.

Alabadle: "Él nos ama" interpretada por Christine D'Clario de la producción *De vuelta al jardín* (2015).

`Escrito está:

Dayanara

2 Corintios 5:17 / Reina-Valera 1960 (RVR1960)
"De modo que si alguno está en Cristo, nueva criatura es; las cosas viejas pasaron; he aquí todas son hechas nuevas."

Génesis 32;26-28/Reina Valera 1960 (RVR1960)
"Y dijo: Déjame, porque raya el alba. Y Jacob le respondió: No te dejaré, si no me bendices.
Y el varón le dijo: ¿Cuál es tu nombre? Y él respondió: Jacob.
Y el varón le dijo: No se dirá más tu nombre Jacob, sino Israel; [a] porque has luchado con Dios y con los hombres, y has vencido."

Éxodo 3:6 / Reina-Valera 1960 (RVR1960)
"Y dijo: Yo soy el Dios de tu padre, Dios de Abraham, Dios de Isaac, y Dios de Jacob. Entonces Moisés cubrió su rostro, porque tuvo miedo de mirar a Dios."

Isaías 62:4 / Reina-Valera 1960 (RVR1960)
"Nunca más te llamarán Desamparada, ni tu tierra se dirá más Desolada; sino que serás llamada Hefzi-bá y tu tierra, Beula porque el amor de Jehová estará en ti, y tu tierra será desposada."

Yo soy tu aliento

Salmos 143:8 / NVI
"Por la mañana hazme saber de tu gran amor, porque en ti he puesto mi confianza. Señálame el camino que debo seguir, porque a ti elevo mi alma."

Dios habla hoy. No es sólo el título de una edición bíblica, es una realidad. Él habló a Moisés, Abraham, Jacob, José y a muchos otros en su Palabra, pero cuando un hermano o hermana menciona que Dios le habló o Dios le dijo, inmediatamente hacemos esta pausa de duda. ¿Será cierto? Debemos tener discernimiento de quién nos habla y eso nos lo da el Espíritu Santo si le pedimos esto con fe, pero no debemos dudar de que Dios nos habla hoy como lo hacía antes. Tal vez no lo escuchemos auditivamente o tal vez sí, pero no podemos negar que nos habla de diferentes maneras, ya sea auditivamente, por la Palabra, un hermano o las circunstancias. Él escucha nuestro clamor y responde a nuestras peticiones.

Hay días que entre dormida y despierta me levanto con versículos, coros o frases en mi mente que sé que vienen del conversar y la relación con Dios. Me gusta cuando utiliza esta forma para contestar mis preguntas; me hace sentir su amor y cuidado directamente. Hoy me levanté con la frase: "Yo soy tu aliento". Era una respuesta a mi oración, a mi súplica por fuerzas en momentos de ansiedad y distracción.

Dios cierta e inequívocamente habla a tu vida hoy, en el tiempo actual. Abre tus oídos a su voz, conversa con el Padre, pide perdón por tus pecados, cuéntale tus necesidades, preocupaciones y dudas. Él ama escuchar a sus hijos. Comparto el mensaje de "Yo soy tu aliento". Él es nuestro aliento, respira el descanso y la paz del Señor.

Meditad: Dios responde nuestras súplicas.

Alabadle: "Aliento de vida" interpretada por Gilberto Daza de la producción *A los brazos de papá* (2017).

Escrito está:

Job 33:14 / Reina-Valera 1960 (RVR1960)
"Sin embargo, en una o en dos maneras habla Dios;
Pero el hombre no entiende."

Hechos 17:11 / Reina-Valera 1960 (RVR1960)
"Y éstos eran más nobles que los que estaban en Tesalónica, pues recibieron la palabra con toda solicitud, escudriñando cada día las Escrituras para ver si estas cosas eran así."

Proverbios 30:5-6 / Reina-Valera 1960 (RVR1960)
"Toda palabra de Dios es limpia;
Él es escudo a los que en él esperan."

Los pros y los contras

Romanos 12:2 / Reina-Valera 1960 (RVR1960)
"No os conforméis a este siglo, sino transformaos por medio de la renovación de vuestro entendimiento, para que comprobéis cuál sea la buena voluntad de Dios, agradable y perfecta."

Cuando tenemos que tomar una decisión importante, hacemos una lista de los "pro" y los "contra": los "pro" lo que me beneficia de esa decisión y los "contra" lo que no es beneficioso o no me gusta de tomar esa decisión.

Una de las decisiones más importantes de nuestra vida — mejor dicho, la decisión más importante de nuestra vida — es la de nuestra propia salvación. Si le crees a Él, la luz, y le sirves para vida eterna o si prefieres vivir y morir en las tinieblas del pecado. Mmmmhh. Bueno, es una decisión de peso, vida o muerte. ¿Cuál será el contra aquí? ¿Qué me detiene?

El pecado es tan atrayente y tentador que te atrapa en sus redes y cadenas que se hace difícil soltarlo. Es como un veneno que atraviesa tus venas, y no te deja ver que eres esclavo, que tu aclamada libertad es tan efímera y frágil como tu propia vida.

¿Qué hace tan difícil es tomar la decisión más importante de tu vida?

Si vemos los "pro": Vida eterna, un amigo fiel, un Padre amoroso, un propósito, un plan perfecto, la Palabra como guía. Los "pro" de la vida humana: Lujos, dinero, fama, fiestas, amigos, familia. etc. "Contra": Todo lo escrito no es duradero, todo se pierde y es igual a nada, cero, es igual a vacío. En Jesús, en Dios no hay "contras", solo hay vida eterna y salvación. ¿Ves cómo se mueve la balanza solo a tu favor?

Tal vez el único contra que pienses es que tienes que negarte a ti mismo para seguirle. Piensas que tienes que dejar de ser tú, de hacer las cosas que te gustan. Así pensaba yo. Sin embargo, con el tiempo entendí que al entregarle mi yo, Él me transforma a un yo mejor. Saca lo mejor de mí, un ser que puede ver que todo aquello que le era preciado lo cambiaría por ver a Jesús, por estar con Jesús. Él se encarga del resto. Pon a Dios como tu prioridad y tus necesidades serán añadidas.

Meditad: Dios cubre tus necesidades.

Alabadle: "Yo elijo a Dios" interpretada por Thalles Roberto de la producción *Dios me ama* (2015).

Escrito está:

Mateo 6:26-33 / Reina-Valera 1960 (RVR1960)
"Mirad las aves del cielo, que no siembran, ni siegan, ni recogen en graneros; y vuestro Padre celestial las alimenta. ¿No valéis vosotros mucho más que ellas?"

Mateo 6:33 / Nueva Traducción Viviente (NTV)
"Busquen el reino de Dios por encima de todo lo demás y lleven una vida justa, y él les dará todo lo que necesiten."

Marcos 12:30 / Reina-Valera 1960 (RVR1960)
"Y amarás al Señor tu Dios con todo tu corazón, y con toda tu alma, y con toda tu mente y con todas tus fuerzas. Este es el principal mandamiento."

Lo que ha hecho y lo que hará

*Salmos 44:3 / Reina-Valera 1960 (RVR1960)
"Porque no se apoderaron de la tierra por
su espada,
Ni su brazo los libró;
Sino tu diestra, y tu brazo, y la luz de tu rostro,
Porque te complaciste en ellos."*

En los Salmos, encontramos a David recordando lo que sus padres le habían enseñado de cómo Dios liberó a su pueblo de sus enemigos. Enfatiza que no se apoderaron de la tierra ni por su espada, ni por su brazo los libró; sino que fue Jehová quien los libró.

En nuestra vida, si recordamos viejas aflicciones o batallas, reflexionamos de cómo logramos la victoria. Podemos ver la mano de Dios en cada momento del camino. Cómo alguien de la nada nos dio la mano y nos ayudó, cómo apareció el dinero para pagar la deuda o cómo conseguimos alivio a un malestar o palabra para resolver un problema. Si te fijas en los detalles, verás cómo Dios estuvo en cada de detalle y lo que aprendiste en ese caminar, de qué te liberó Dios. También podemos ver nuestros intentos infructuosos por tratar de resolver las situaciones con nuestras fuerzas, cuando la ayuda ya está en camino, cuando Dios ya está trabajando.

Así como nos damos cuenta de que Dios ha sido fiel en nuestros momentos de aflicción, debemos tener la confianza y saber que en su Palabra nos reitera una y otra vez su fidelidad. Si recuerdas lo que ha hecho, regocíjate en lo que hará y haz como David. No confiaré en mi arco, ni mi espada me salvará. Como él, pon tu confianza absoluta en Dios.

Toda situación es más fácil con Dios. Esto trajo a mi mente una experiencia que pasé esta semana cuando mi hija dejó las llaves encerradas en mi carro y un militar me ayudó a abrirlo. Mientras yo oraba en silencio, una señora que pasaba declaró, "Que se abra en el nombre de Jesús" y la puerta abrió. Ella me sorprendió diciendo lo que yo proclamaba en silencio. No es por nuestras obras, es Dios en ellas, su compañía que se manifiesta en cada momento de nuestras vidas.

Meditad: Dios no nos deja solos.

Alabadle: "Él lo hará otra vez" interpretada por Yashira Guidini de la producción *Pronto Auxilio (En Vivo)* (2016).

Escrito esta:

Proverbios 3:5-6 / Nueva Versión Internacional (NVI)
"Confía en el Señor de todo corazón,
y no en tu propia inteligencia.
Reconócelo en todos tus caminos,
y él allanará tus sendas."

Lamentaciones 3:25-27 / Nueva Versión Internacional (NVI)
"Bueno es el Señor con quienes en él confían,
con todos los que lo buscan
Bueno es esperar calladamente, que el Señor venga a salvarnos."

Santiago 5:11 / Nueva Versión Internacional (NVI)
"En verdad, consideramos dichosos a los que perseveraron. Ustedes han oído hablar de la perseverancia de Job, y han visto lo que al final le dio el Señor. Es que el Señor es muy compasivo y misericordioso."

Pausa

Génesis 35:5 /
Nueva Versión Internacional (NVI)
"Cuando partieron, nadie persiguió a la familia de Jacob, porque un terror divino se apoderó de las ciudades vecinas."

¿Cuántas veces has tenido un mal día? Un día en el que piensas que todo te ha salido mal, que te levantaste con el pie izquierdo, como dicen. Todos hemos tenido de esos días. Tenemos toda una lista de cosas para hacer o solucionar nuestras situaciones diarias. Muchas veces no incluimos a Dios porque pensamos que Él no se involucra en cosas que consideramos de menor importancia, aun cuando las mismas nos causan estrés y ansiedad.

¿Cuántas veces has tenido de esos días y de repente todo se soluciona sin aparente explicación? La

Diario de un Creyente

explicación es que Dios está allí, en los eventos grandes y pequeños. Dios está en todo momento. ¿Por qué? Porque a Él le interesa cada momento de tu vida. Cada momento de tu vida para Él es importante. Él ama que compartas con Él esos momentos, tanto de alegría como de dificultad, simplemente por el hecho que eres tú, su hijo/a amado/a.

No esperes a la crisis para buscarle y tenerle cerca, porque Él ésta en todo. Solo quiere que lo recibas. Cuando tengas uno de esos días, detente, haz una pausa en tu día e incluye a Dios en él. Verás que Dios tiene todo bajo su control y todo obrará para bien.

Meditad: Dios quiere tu paz.

Alabadle: "Quieto estaré" interpretada por Juan Muñoz de *Su Presencia*. Traducción en español de "Still" de Hillsong Worship de la producción *Hope* (2003).

Escrito está:

Salmos 46:10 / Reina-Valera 1960 (RVR1960)
"Estad quietos, y conoced que yo soy Dios; Seré exaltado entre las naciones; enaltecido seré en la tierra."

Dayanara

Mateo 6:31-34 / Reina-Valera 1960 (RVR1960)
"No os afanéis, pues, diciendo: ¿Qué comeremos, o qué beberemos, o qué vestiremos? Porque los gentiles buscan todas estas cosas; pero vuestro Padre celestial sabe que tenéis necesidad de todas estas cosas. Mas buscad primeramente el reino de Dios y su justicia, y todas estas cosas os serán añadidas."

Juan 14:27 / Reina-Valera 1960 (RVR1960)
"La paz os dejo, mi paz os doy; yo no os la doy como el mundo la da. No se turbe vuestro corazón, ni tenga miedo."

Jesús nuestro tesoro

Mateo 13:44 / Nueva Versión Internacional (NVI)
"El reino de los cielos es como un tesoro escondido en un campo. Cuando un hombre lo descubrió, lo volvió a esconder, y lleno de alegría fue y vendió todo lo que tenía y compró ese campo."

Imaginaba el gozo de los primeros descubridores al tener de frente nuevas tierras, la algarabía y celebración después de un largo viaje por alta mar.

Me recordó una anécdota de un pastor en mi niñez que al encontrarse con Jesús y empezar a descubrir su amor, era tanto su gozo que subió a lo alto de una bomba de agua y escribió en lo alto: JESÚS TE AMO.

Lo singular de este encuentro es que, para descubrir a Jesús, no necesitamos la complejidad de un mapa, como los piratas buscaban los tesoros. Jesús es nuestro mayor tesoro que derramó su sangre más preciosa que el más rojo rubí y que es la perla del gran precio. Él sale a nuestro encuentro, con un cinto de oro, lleno de toda gloria divina y victoria a respirar vida en nuestra muerte de pecado.

Jesús es un tesoro que no es difícil de buscar, pues está ansioso por ser hallado. Buscad y hallaréis, pedid y se os dará. Todo por su inmenso amor por ti, porque para Él tú eres ese tesoro invaluable. Cuando te encuentras con Jesús el, gozo es mutuo; hay fiesta en el cielo y en la tierra.

Meditad: Dios es nuestro mayor tesoro.

Alabadle: "La perla del gran precio" interpretado por En Espíritu y Verdad de la producción *Incontenible es tu amor (2012)*.

Escrito está:

Mateo 7:7-8 / Reina-Valera Antigua (RVA)
"Pedid, y se os dará; buscad, y hallaréis; llamad, y se os abrirá.
Porque cualquiera que pide, recibe; y el que busca, halla; y al que llama, se abrirá."

Apocalipsis 1:13-16 / Reina-Valera 1960 (RVR1960)
"...y en medio de los siete candeleros, a uno semejante al Hijo del Hombre, vestido de una ropa que llegaba hasta los pies, y ceñido por el pecho con un cinto de oro."

Mateo 13:45-46 / Reina-Valera 1960 (RVR1960)
La perla de gran precio
"También el reino de los cielos es semejante a un mercader que busca buenas perlas,
que habiendo hallado una perla preciosa, fue y vendió todo lo que tenía, y la compró."

Día glorioso

Romanos 8:11 /
Nueva Versión Internacional (NVI)
"Y, si el Espíritu de aquel que levantó a Jesús de entre los muertos vive en ustedes, el mismo que levantó a Cristo de entre los muertos también dará vida a sus cuerpos mortales por medio de su Espíritu, que vive en ustedes."

En un momento de necesidad en el que oraba a Dios en la penumbra, suplicándole que me hablara, me topé con una canción. La letra de la canción me conmovió y sentí que esas estrofas eran la contestación de Dios a mi oración. Eran el recordatorio de que Él me llamó por mi nombre, que el espíritu que vive en mí es el mismo que levantó a Jesús y dejó la tumba vacía (Mateo 28:5-6). Era un recordatorio que al igual que Cristo, yo era esclava y estaba muerta en pecado y enterrada en la tumba de mi vergüenza. Fui

Diario de un Creyente

libre. Pues Jesús me llamó por mi nombre un día glorioso, mis ojos se abrieron, las cadenas del pecado yacían rotas a mis pies y salí corriendo a buscarle. Desde entonces, mi meta es correr al encuentro de quien me amó primero y me llamó por mi nombre.

Esta es la historia de muchas de las personas que se han encontrado en el camino a Jesús. Dios me llevó a esa memoria para decirme que no importa por lo que estemos pasando, somos victoriosos en Él. Su Hijo nos dio la victoria al vencer la muerte de nuestro pecado en la cruz del Calvario y salir en un glorioso día resucitado. Su victoria es nuestra victoria desde que nos llamó y lo recibimos en nuestro corazón.

Así llamó a Elías con apacible susurro y lo sacó de la cueva (1 Reyes 9:12-13). Así llamó a Lázaro y lo levantó de los muertos (Juan 11:41-44). Así nos llama a nosotros en medio de la tribulación y ataques del enemigo diciéndonos, *"Acuérdense cada cual de su día glorioso y confíen en la victoria y mi voluntad perfecta. Yo soy el Dios que los sostiene con su diestra, que está detrás y delante de cada uno. Su Dios que ha vencido al mundo. Su Dios que los ama. No teman."*

Así llama también a los que aún no le conocen y Él está en espera de que juntos puedan celebrar Su día glorioso. Jesús está llamando, siempre perseverante, y toca a tu corazón. Déjalo entrar y sal corriendo del sepulcro del pecado que te ata. Sé libre y victorioso, tú también, en Él.

Meditad: Dios liberta a los caídos.

Alabadle: "Resucítame" en español interpretada por Aline Barros de la producción *Extraordinario amor de Deus* (2011).

Escrito está:

Juan 1:25-26 / Nueva Versión Internacional (NVI)
"Entonces Jesús le dijo: - Yo soy la resurrección y la vida. El que cree en mi vivirá, aunque muera: y todo el que vive y cree en mí no morirá jamás."

Juan 11:41-44 / Nueva Versión Internacional (NVI)
"Entonces quitaron la piedra. Jesús, alzando la vista, dijo:
-Padre, te doy gracias porque me has escuchado. Ya sabía yo que siempre me escuchas, pero lo dije por la gente que está aquí presente, para que crean que tú me enviaste. Dicho esto, gritó con todas sus fuerzas: - ¡Lázaro, sal fuera! El muerto

salió, con vendas en las manos y en los pies, el rostro cubierto con un sudario. -Quítenles las vendas y dejen que se vaya- les dijo Jesús."

1 Reyes 9:12-13 / La Biblia de las Américas (LBLA)
"Después del terremoto, un fuego: pero el Señor no estaba en el fuego. Y después del fuego, el susurro de una brisa apacible. Y sucedió que cuando Elías le oyó, se cubrió el rostro con su manto, y salió y se puso a la entrada de la cueva. Y he aquí, una voz vino a Él y le dijo: -¿Qué haces aquí, Elías?"

Como niños

Marcos 11:24 / Reina-Valera 1960 (RVR1960)
"Por tanto, os digo que todo lo que pidiereis orando, creed que lo recibiréis, y os vendrá."

Dios oye nuestras oraciones. Está pendiente de nosotros, sus hijos e hijas, en cada momento.

Él conoce cuando nos atribulamos o cuando nos regocijamos. Él anhela que compartamos con Él cada uno de esos momentos, que llevemos a Él todas nuestras situaciones sean tristes o alegres con fe, creyendo que lo que pidamos con fe conforme a su voluntad, lo recibiremos. ¿Y cuál es su voluntad? Lo que obre para su gloria y sirva a su propósito. La fe que dice, "Creed y os vendrá" nos conduce al regalo de su gracia.

Este versículo en Marcos 11:24 me recuerda al cuento de Peter Pan, no porque "Creed y os vendrá" sea una especie de fórmula mágica, sino por la confianza que debemos tener para pedir y recibir las bendiciones de Dios. "Neverland" [la tierra de Nunca Jamás] era el lugar donde Peter Pan vivía. Si saben su historia, en "Neverland" no dejabas de ser niño y todo lo que deseabas de corazón se cumplía. Peter Pan no quería crecer porque no quería perder su inocencia y volverse un adulto guiado por la lógica y la razón. Los niños tienen un corazón limpio y una imaginación inmensa. Ellos creen sin condiciones, ni pruebas. Ellos confían de corazón, dan su amor sin reservas y creen sin dudas.

Dios nos llama y anima a ser como niños. Él demuestra su amor a ellos, diciendo que de ellos será el reino de los cielos. Como adultos perdemos esa inocencia de niños y cuando nos encontramos con Jesús, nuestra alma de niño se llena de esperanza. Dios quiere que creamos como un niño, que pidamos como un hijo a su padre y que le confiemos nuestras necesidades con la fe de que Él obrará, nos cubrirá y nos dará lo que necesitemos. Que mayor seguridad que el estar al cuidado de nuestro Padre Celestial.

Meditad: Dios busca nuestra alma de niño.

Alabadle: "Pinta el mundo" interpretada por Alex Campos de la producción *Como un niño* (2005)

Escrito está:

Mateo 19:14 / Reina-Valera 1960 (RVR1960)
"Pero Jesús dijo: Dejad a los niños venir a mí, y no se lo impidáis; porque de los tales es el reino de los cielos."

Isaías 49:15-16 / Nueva Versión Internacional (NVI)
"¿Puede una madre olvidar a su niño de pecho,
y dejar de amar al hijo que ha dado a luz?
Aun cuando ella lo olvidara,
¡yo no te olvidaré!
Grabada te llevo en las palmas de mis manos;
tus muros siempre los tengo presentes."

Filipenses 4:19 / Nueva Versión Internacional (NVI)
"Así que mi Dios les proveerá de todo lo que necesiten, conforme a las gloriosas riquezas que tiene en Cristo Jesús."

Alabemos

*Salmos 150:3-5 /
Reina-Valera 1960 (RVR1960)
"Alabadle a son de bocina;
Alabadle con salterio y arpa.
Alabadle con pandero y danza;
Alabadle con cuerdas y flautas.
Alabadle con címbalos resonantes;
Alabadle con címbalos de júbilo."*

Durante una mañana estaba viendo un video que se llamaba "Alabemos" del pastor Marcos Witt y el rapero T-Bone (2014). Debajo del video había comentarios de gente que lo criticaba por el tipo de música, ya que era música del género "techno".

Dios puso en mi corazón la historia de David cuando trajo el arca, cómo éste se regocijó y danzó de alegría, danzó para Dios. Dios manifestó en mi mente mientras escribía:

"Utilizó estos medios para mi gloria. El tiempo se acorta, quiero almas para mi rebaño. En las noticias veo como mi pueblo gime de dolor y estoy obrando en el Medio Oriente, en Rusia, en China, en África, en los lugares más recónditos y donde prohíben mi entrada estoy llegando a las almas para quedarme. Hay muerte y destrucción, pero Yo estoy poniendo la paz real, la que viene del Espíritu.

"No critiquen a mis pequeños; yo conozco las intenciones de su corazón. Estoy buscando a los jóvenes. ¿No los oíste cantar y alabar mi Nombre? Era YO su centro. Los amo y los quiero para mi gloria. No sean como la esposa de David, hija de Saúl, que no me tenía en su corazón, que se burló del gozo de mi hijo, David. Sean pues así dando alabanzas, danzando, cantando, pero pegados a mí, centrados en mí para mi gloria y su vida eterna."

Señor, te amo. No juzguemos a los pequeños, alejándolos de Dios. Él los busca, Él los ama y los quiere en su reino.

Meditad: Dios se goza en nuestra alabanza.

Alabadle: "Alabemos" interpretada por Marcos Witt junto a T-Bone de la producción *Sigues siendo Dios* (2014).

Escrito está:

Salmos 150:6 / Nueva Versión Internacional (NVI)
"¡Que todo lo que respira alabe al Señor!
¡Aleluya! ¡Alabado sea el Señor!"

Salmos 145:3 / Nueva Traducción Viviente (NTV)
"¡Grande es el Señor, el más digno de alabanza! Nadie puede medir su grandeza."

Salmos 86:12 / Reina-Valera 1960 (RVR1960)
"Te alabaré, oh Jehová Dios mío, con todo mi corazón, Y glorificaré tu nombre para siempre."

Voces de verdad

Proverbios 30:5 /
Nueva Versión Internacional (NVI)
"Toda palabra de Dios es digna de crédito;
Dios protege a los que en él buscan refugio."

En la vida, escuchamos muchas voces que nos pueden llevar a separarnos de Dios. Son voces en nuestro interior de ansiedad, culpa, preocupación, rechazo, agonía, arrepentimiento y depresión, entre muchas otras voces. Voces del exterior que nos señalan, burlan, rechazan, odian, maldicen, engañan y ofenden. Voces del enemigo que lo único que desea es que caigamos derrotados, que nuestro espíritu y nuestra esperanza mueran. El enemigo desea muerte y destrucción. Es el gran engañador.

Solo entre todas estas voces, debemos concentrarnos en una voz suave y ligera como la brisa, como un susurro que se escucha aún en medio de la tormenta. Esa voz que nos afirma, que nos llena de esperanza y paz. Esa voz que nos repite: "No temas, no desmayes porque Yo soy tu Dios. No desmayes porque Yo estoy contigo."

Es una voz que te dice: "Mi paz os dejo, mi paz os doy no como el mundo la da..." La voz que ha vencido al mundo es la voz que debes escuchar. Escucha su voz y cree.

Es la voz que anuncia con dulzura, "Mi hijo eres tú". Todas las voces callan a su voz divina. No hay nada que se compare a su voz dulce y de autoridad, que aleja las voces del engaño, quebranto y angustia trayendo voces de amor, misericordia y paz. Afinemos nuestros oídos para que solo escuchemos su voz de bienestar y descanso para nuestra alma. Vivamos siguiendo esa voz, la voz que transforma nuestras vidas con su amor. La voz de su verdad.

Meditad: Dios es la única voz verdadera.

Alabadle: "Tu voz" interpretada por Nancy Amancio de la producción *Un toque de Fe* (2004)

Dayanara

Escrito está:

Juan 8:31-32 / Nueva Versión Internacional (NVI)
Jesús se dirigió entonces a los judíos que habían creído en él, y les dijo:
"—Si se mantienen fieles a mis enseñanzas, serán realmente mis discípulos; [32] y conocerán la verdad, y la verdad los hará libres."

Juan 14:6 / Nueva Versión Internacional (NVI)
"—Yo soy el camino, la verdad y la vida —le contestó Jesús—. Nadie llega al Padre sino por mí."

2 Tesalonicenses 2:9-10 / Nueva Versión Internacional (NVI)
"El malvado vendrá, por obra de Satanás, con toda clase de milagros, señales y prodigios falsos. Con toda perversidad engañará a los que se pierden por haberse negado a amar la verdad y así ser salvos."

La pieza faltante

Efesios 3:19 / Nueva Versión Internacional (NVI)
"En fin, que conozcan ese amor que sobrepasa nuestro conocimiento, para que sean llenos de la plenitud de Dios."

La luz quiere iluminar a todo el mundo. Quiere que todos tengan oportunidad de ver su gloria, que todos seamos iluminados por sus rayos, sintamos su calor y la energía de su poder.

En la sombra de las tinieblas tenemos momentos de placer y tal vez de efímera alegría, pero su corto período de existencia jamás llenará el vacío, el anhelo que solo puede llenar Dios.

Ese vacío del corazón es como un rompecabezas que le falta una sola pieza que ninguna otra pieza puede reemplazar. Buscamos desesperados la pieza que pueda encajar en el vacío que deja esa pieza. Sin ella el rompecabezas está incompleto y no tiene sentido trabajar en él. Estamos diseñados con ese vacío que solo Dios puede llenar. Estamos diseñados para necesitarle.

Podíamos dar por perdida esa única pieza, pero Dios no se da por vencido. Así que sigue buscando esa pieza faltante que complete tu gozo y llene tus vacíos con su amor. Una vez le halles, Dios, la pieza faltante, encajará perfectamente en tu corazón. Serás libre y tu gozo será eterno. Verás que nada se compara con su amor.

Meditad: Dios es fiel.

Alabadle: "Desesperado" interpretada por Evan Craft de la producción *Desesperado* (2021).

Escrito está:

Hechos 1:8 / Nueva Versión Internacional (NVI)
"Pero, cuando venga el Espíritu Santo sobre ustedes, recibirán poder y serán mis testigos tanto en Jerusalén como en toda Judea y Samaria, y hasta los confines de la tierra."

Efesios 5:18 / Nueva Versión Internacional (NVI)
"No se emborrachen con vino, que lleva al desenfreno. Al contrario, sean llenos del Espíritu."

Salmos 127:1-2 / Nueva Versión Internacional (NVI)
"Si el Señor no edifica la casa,
en vano se esfuerzan los albañiles.
Si el Señor no cuida la ciudad,
en vano hacen guardia los vigilantes.
En vano madrugan ustedes,
y se acuestan muy tarde,
para comer un pan de fatigas,
porque Dios concede el sueño a sus amados."

Vívelo

Cristo, mi modelo

*Efesios 2:8-9 /
Nueva Versión Internacional (NVI)
"Porque por gracia ustedes han sido salvados mediante la fe; esto no procede de ustedes, sino que es el regalo de Dios, no por obras, para que nadie se jacte."*

En mis primeros años de conocer al Señor y de buscar su cercanía, me esforzaba por hacer lo correcto. Quería que Dios me amara y aún no comprendía que ese amor ya me era dado. Intentaba ser una cristiana modelo, como aquel estudiante que tiene excelente conducta, es responsable y saca siempre buenas notas. Veía las cosas como deberes y requisitos para alcanzar la salvación y obtener esa relación con Dios que tanto anhelaba.

Un cristiano modelo debe orar todos los días en privado, ayunar de igual manera y leer la Biblia diariamente. Buscaba definiciones de los tipos de ayuno, información de cómo orar efectivamente y de por donde debería empezar a leer la Palabra de Dios. Al final del día me sentía frustrada y desanimada, porque eran cargas que se sumaban a mis fallas cuando no cumplía con uno de estos deberes. Estaba muy lejos de ser una cristiana modelo y muy lejos de sentirme realmente libre. ¿Cuántos cristianos, en nuestros comienzos de servirle, tuvimos esta misma faena? ¿Cuántos creyentes estarán pasando por esto en esta hora?

No porque hacer todo esto estuviera mal, sino que el acercamiento estaba equivocado. Jesús nos enseñó en su Palabra que todo lo que Él hizo por cada uno de nosotros fue por amor. En su Palabra dice que es el amor lo más importante de todo. Jesús sabía que tenía una misión que cumplir, pero su Padre lo guiaba con amor a su meta y Él le respondía por amor. Así como Jesús vivió, así debemos vivir y hacer todo con amor.

No solo con obras nos acercarnos al Padre; es por relación. Escogemos orar porque queremos comunicarnos con Dios, queremos que Él sea parte de nuestra vida, porque le amamos y deseamos tener una relación con Dios. Ayunamos porque es nuestro anhelo el tenerle más cerca, aun en intimidad, para prepararnos para su regreso. Leemos la Biblia porque ella nos ayuda a conocerle y sirve de guía para conducir nuestras vidas en amor. Ahí en su Palabra, aprendemos que nada nos separa de su amor, queremos vivir una vida íntegra para ser perfume agradable a sus pies. Cuando fallamos, Él nos levanta y al arrepentirnos Él nos libera del mal. No es con nuestras propias fuerzas, sino que en Él todo es posible con su Espíritu Santo que mora en nuestro interior.

No es ser un cristiano modelo lo que me acercaba a Cristo, sino que tener a Cristo como modelo me hace su discípulo. Por su gracia, tenemos y mantenemos una relación con Él. ¡Qué hermoso es el regalo inmerecido de la gracia! ¡Qué grato el saber que nos ama tal como somos!

Meditad: Dios es nuestro modelo.

Alabadle: "Tal como soy" interpretada por Jesús Adrián Romero de la producción *Un Brote de Adoración*, Varios Artistas (2014).

Dayanara

Escrito está:

Deuteronomio 5:33 / Nueva Versión Internacional
"Sigan por el camino que el Señor su Dios les ha trazado, para que vivan, prosperen y disfruten de larga vida en la tierra que van a poseer."

2 Tesalonicenses 3:5 / Reina Valera
1960 (RVR1960)
"Y el Señor encamine vuestros corazones al amor de Dios, y a la paciencia de Cristo"

Romanos 9:16 / Reina Valera 1960 (RVR1960)
"Así que no depende del que quiere, ni del que corre, sino de Dios que tiene misericordia."

El faro

Isaías 60:1 / Reina-Valera 1960 (RVR1960)
"Levántate, resplandece; porque ha venido tu luz, y la gloria de Jehová ha nacido sobre ti."

Mi hija escribió un cuento, que al final tenía una moraleja. Ese cuento me habló de tal manera que me hizo reflexionar en las maneras que Dios usa para llamar nuestra atención.

Contaba la historia de un viejo marinero que cansado y enfermo tenía un sueño, que debido al trabajo y las circunstancias de la vida no había podido cumplir. Durante sus largos viajes en alta mar había un faro que lo dirigía a su casa, a un puerto seguro. Su sueño era tener esa luz más cerca, subir hacia la luz del faro. Parecía imposible que su sueño se cumpliera; ya estaba viejo y cansado. Pero una mañana se levantó decidido y llegó hasta el faro. Subiendo con gran esfuerzo cada uno de los escalones, dejando atrás los pensamientos que le llevaban a rendirse, dirigía su mirada hacia lo alto, arriba hacia la luz.

Cuando llegó arriba, sus ojos vieron la luz que tanto anhelaba y un espectacular paisaje. Satisfecho, volvió a su casa donde descansó en paz.

Cada uno de nosotros tenemos el potencial para realizar grandes cosas, pero no basta con tenerlo. Muchas veces no llegamos a vivir nuestro potencial, ni a cumplir el propósito de Dios en nuestras vidas. Pensamos que es una meta muy alta y difícil de alcanzar, pero si permitimos que Dios obre, por medio de su Espíritu, Él nos dará las fuerzas, desarrollará nuestros talentos y nos capacitará con nuevos dones. Todo lo hace con el motivo de que nuestros planes sean cónsonos con los suyos, hagamos su voluntad y le sirvamos, sirviendo a otros para su gloria.

Fijemos nuestra mirada en la luz que borra toda sombra de dudas. Subamos al faro de su presencia para estar cerca de su luz y al final podremos ver el hermoso paisaje del reino celestial.

Meditad: Dios quiere ser la luz que ilumina nuestras vidas.

Diario de un Creyente

Alabanza: "Levántate y resplandece" interpretada por Marcos Barrientos de la producción *Levántate y Resplandece* (2006).

Escrito está:

Juan 8:12 / Nueva Versión Internacional (NVI)
"Una vez más Jesús se dirigió a la gente, y les dijo: —Yo soy la luz del mundo. El que me sigue no andará en tinieblas, sino que tendrá la luz de la vida."

Mateo 5:16 / Nueva Versión Internacional (NVI)
"Hagan brillar su luz delante de todos, para que ellos puedan ver las buenas obras de ustedes y alaben al Padre que está en el cielo."

Éxodo 31:3 / Reina-Valera 1960 (RVR1960)
"y lo he llenado del Espíritu de Dios, en sabiduría y en inteligencia, en ciencia y en todo arte."

Con paciencia

Proverbios 4:18 /
Nueva Versión Internacional (NVI)
"La senda de los justos se asemeja
a los primeros albores de la aurora:
su esplendor va en aumento
hasta que el día alcanza su plenitud."

Todo ser que se da la oportunidad de conocer a Dios desea profundizar más en su fe, conocerle y aprender con rapidez sobre todo lo concerniente a Dios. En ocasiones quisiéramos sacar todo obstáculo de nuestro caminar para alcanzarle y claro, Dios puede hacerlo. Dios, con su amor y misericordia, puede con la rapidez de un chasquido obrar en nosotros de tal manera que no hubiese obstáculos, quitar todo lo que estorbe para alcanzar nuestra santidad.

Desde que reconocemos su existencia en nuestras vidas, le estamos pidiendo que quite todo lo que no le agrada de la habitación de nuestro corazón. Hasta podemos enumerar que ha hecho en nuestras vidas. Por ejemplo, conmigo empezó con la música. Mi adicción a la música secular era tal que la coleccionaba; tenía más de 700 canciones en mi iPod. Ninguna de ellas hablaba de Dios, ni me edificaba. Solía decir que le podía dar todo a Dios, menos mi música porque no podía vivir sin ella. Cuando comencé a conocer a Dios, quería aprender a alabarle. Empecé a indagar sobre música cristiana y me topé con una agradable bendición. Dios busca a sus hijos de diferentes maneras y le encanta nuestra diversidad, así mismo son las alabanzas que Él inspira, diversas. Me encontré con todo tipo de música: Hillsong, Barak, Chris Tomlin, Alex Campos… El Espíritu de Dios me enseñó a ver la diferencia que hacía en mi ser esa música que antes rechazaba hasta que poco a poco fue todo lo que escuchaba, siendo parte importante de la devoción en este libro.

Él fue alejando todo aquello que me hacía daño o que me apartaba de Él, todo lo que afectaba nuestra relación. Ha apartado amistades que eran tóxicas a mi vida, por las que oro a diario. Me ha apartado de hábitos dañinos, ha trabajado y continúa transformando mi existencia. He tenido que hacer ajustes que sé que sin la ayuda de su Espíritu no habría podido. No hubiese tenido la fortaleza de apartarme del pecado, ni de la tentación.

Haz una lista mental o física de lo que ha hecho Dios en tu vida desde que lo conociste o desde antes, porque siempre ha estado allí contigo. Él te ha elegido, te ha llamado para que lo sigas. No te desesperes porque no ha terminado su obra en ti. La santidad es un proceso movido por el Espíritu Santo. Cada pesar, temor, duda, ansiedad y tentación serán despojadas del poder que tienen en tu vida. Es una batalla ganada si permanecemos con Él. Sigamos peleando la buena batalla con certeza de la victoria. Cifremos nuestra esperanza en que pronto volverá, le veremos cara a cara y en Él seremos completamente limpios, agradables a su divina presencia.

Meditad: Dios transforma vidas.

Alabadle: "Quita todo de mí" interpretada por Nimsy López de la producción *Proceso* (2016).

Escrito está:

Filipenses 1:6 / Reina-Valera 1960 (RVR1960)
"...estando persuadido de esto, que el que comenzó en vosotros la buena obra, la perfeccionará hasta el día de Jesucristo"

Juan 16:13 / Reina-Valera 1960 (RVR1960)
"Pero cuando venga el Espíritu de verdad, él os guiará a toda la verdad; porque no hablará por su propia cuenta, sino que hablará todo lo que oyere, y os hará saber las cosas que habrán de venir."

Salmos 119:171 / Reina-Valera 1960 (RVR1960)
"Mis labios rebosarán alabanza
Cuando me enseñes tus estatutos."

Altoparlantes

Salmos 118:24-26 /
Nueva Traducción Viviente (NTV)
"Este es el día que hizo el Señor;
nos gozaremos y alegraremos en él."

Ayer supe que una persona súper especial tiene cáncer. Esto no es una novedad, pues el cáncer se ha convertido en el nuevo catarro mortal que ataca todas las familias. Lo curioso fue su actitud ante la vida, que habló como altoparlantes a la mía.

Está esperando una operación importante desde hace largos meses, y a pesar de las influencias que puede tener y lo oscuro de las circunstancias nadie a su alrededor tiene idea de que padece de cáncer. Su alegría es contagiosa, y no es una máscara; es real y honesta. Su familiar me dijo que han tratado por todos los medios de conseguir esa operación, pero no es el tiempo de Dios.

Su confianza, su fortaleza, su gozo y su amor hacia otros hacen ver a Dios. Es maravilloso poder conocerle y que sea un testimonio de fe en silencio a pesar de las circunstancias. El familiar no tenía por qué contarme, pero Dios tiene formas de hablarle a uno más allá de nuestro entendimiento.

Estos días he estado desanimada y preocupada por situaciones de salud propias y de mi familia. No era la persona alegre que suelo ser. Me había convertido en la reina de la queja y la preocupación.

Había orado, dejando las cosas en las manos de Dios, pero lo seguía trabajando con mis propias fuerzas. Dios me hizo reaccionar de esta manera. *"No importa las circunstancias, ni los resultados, gózate en mi presencia, porque Yo estoy contigo."* Así que no más caras tristes que dominen mis días; Dios tiene el control.

Meditad: Dios está en control.

Alabadle: "Dios siempre tiene el control" interpretada por Samuel Hernández de la producción *Dios siempre tiene el control* (1999).

Dayanara

Escrito está:

Mateo 17:20 / Nueva Versión Internacional (NVI)
"—Por la poca fe que tienen —les respondió—. Les aseguro que, si tienen fe tan pequeña como un grano de mostaza, podrán decirle a esta montaña: "Trasládate de aquí para allá", y se trasladaría. Para ustedes nada sería imposible."

Hebreos 13:6 / Reina-Valera 1960 (RVR1960)
"de manera que podemos decir confiadamente: El Señor es mi ayudador; no temeré Lo que me pueda hacer el hombre."

Jeremías 17:7-8 / Reina-Valera 1960 (RVR1960)
"Bendito el varón que confía en Jehová, y cuya confianza es Jehová.
Porque será como el árbol plantado junto a las aguas, que junto a la corriente echará sus raíces, y no verá cuando viene el calor, sino que su hoja estará verde; y en el año de sequía no se fatigará, ni dejará de dar fruto."

Consuelo en la aflicción

Salmos 40:17 /
Nueva Versión Internacional (NVI)
"Y a mí, pobre y necesitado,
quiera el Señor tomarme en cuenta.
Tú eres mi socorro y mi libertador;
¡no te tardes, Dios mío!"

Cuando lo que Dios hace no tiene sentido [*When God Doesn't Make Sense*] del Dr. James Dobson (2011) es el título de un libro exitoso en ventas. Precisamente es exitoso porque muestra nuestra inclinación a cuestionarle sus decisiones sin sentido cuando suceden en nuestras vidas desgracias y tragedias. Es preguntar el por qué, buscar una explicación a lo inexplicable. Vivimos en un mundo ávido de respuestas. Dios nos dice en su Palabra, en varios versículos, que todo no nos será revelado, que sus senderos son misteriosos y que todo obrará para bien para aquellos que le aman porque sus pensamientos son más altos que los nuestros.

No todo es para nuestro entendimiento. Muchas veces no es nuestro momento de saber, cuestionar y entender. Entonces podríamos preguntarnos ¿Qué hacemos con esta tristeza o este dolor tan profundo? Dios nos dice, *"No cuestiones más que es lo que permito. Busca consuelo en mí"*. La aflicción es un momento de decisión, de pensar si nos aferramos o nos apartamos de su presencia.

Si nos aferramos, Dios consuela nuestro dolor. Él es el Príncipe de Paz, y Él nos fortalece cuando más débiles nos encontramos. Él sana nuestras heridas y suple nuestra necesidad. Él es nuestro socorro y libertador. Él escucha nuestro clamor.

Si te apartaras y pusieras en Dios tu ira, culpándole por lo que te sucedió o por lo que sucede en el mundo, viviría arrastrando tus pesadas cadenas de dolor y amargura, sin su presencia.

David clamaba con desesperación, "Dios no te tardes". Jehová no se había movido de su lado. Él está justamente ahí, a tu lado, esperando que le busques para ofrecerte su paz, consuelo, fuerza e inigualable amor. Déjate abrazar por el Señor.

Meditad: Dios da fortaleza y consuelo.

Alabadle: "Nada te turbe" interpretada por Samuel Hernández de la producción *Faltan 5 para las 12, llego Jesús* (2004).

Escrito está:

Salmos 34:18 / Nueva Versión Internacional (NVI)
"El Señor está cerca de los quebrantados de corazón, y salva a los de espíritu abatido."

2 Corintios 1:3-4 / Reina-Valera 1960 (RVR1960)
"Bendito sea el Dios y Padre de nuestro Señor Jesucristo, Padre de misericordias y Dios de toda consolación, el cual nos consuela en todas nuestras tribulaciones, para que podamos también nosotros consolar a los que están en cualquier tribulación, por medio de la consolación con que nosotros somos consolados por Dios."

Juan 16:22 / Reina-Valera 1960 (RVR1960)
"También vosotros ahora tenéis tristeza; pero os volveré a ver, y se gozará vuestro corazón, y nadie os quitará vuestro gozo."

Confía en el valle

Salmos 23:4 / Reina-Valera 1960 (RVR1960)
"Aunque ande en valle de sombra de muerte,
No temeré mal alguno, porque tú
estarás conmigo;
Tu vara y tu cayado me infundirán aliento."

La vida nos lleva a escalar la montaña, a sentir la victoria de la cima, pero también en nuestro caminar volvemos a encontrarnos con el valle, el valle que puede hacer flaquear nuestra fe si se lo permitimos. El valle que nos intenta derrotar, si se lo permitimos. El valle que quiere quitarnos las fuerzas y la paz.

Sin embargo, sabemos en nuestro interior que, en el valle, Dios está. En su Palabra, que es verdad absoluta, nos reitera que en el valle de sombra o de muerte Él está con nosotros. Si permitimos que el valle triunfe sobre nuestras vidas, jamás saldremos del valle. Debemos abrir nuestros ojos y creer que tenemos a Jesús, a Dios mismo, presente para ayudarnos a escalar la montaña y alcanzar la victoria otra vez.

La vida es una carrera que en ocasiones nos vuelve a llevar al inicio de la partida. Al encontrarnos de nuevo con Jesús, al renovar fuerzas, nos enfocamos para volver a correr. Cada carrera es una experiencia única que nos lleva a correr con entusiasmo el camino hacia nuestro Salvador o tristemente desviarnos a la perdición.

Moisés redactaba cada una de sus salidas con sus victorias y derrotas. Aunque no pudo entrar a la tierra prometida, permaneció y perseveró en Dios. Nunca perdió su relación con Dios. Jacobo, Pedro y Juan fueron testigos de la presencia de Moisés al lado de Cristo y Elías en la transfiguración. ¡Qué mejor final que la meta celestial!

Si estas en medio del valle, comienza otra vez tu carrera con la fortaleza, paz y amor del Cristo que vive en ti. Él te llevará y te acompañará a la cima de la montaña, hacia la meta final de tu carrera. No pierdas el ánimo; estás cerca de casa.

Meditad: Dios te acompaña en los montes y los valles.

Alabadle: "En los montes, en los valles" interpretada por Marcos Witt de la producción *Dios es bueno* (2005).

Escrito está:

Lucas 3:4-5 / Nueva Versión Internacional (NVI)
"Así está escrito en el libro del profeta Isaías:
Voz de uno que grita en el desierto:
"Preparen el camino del Señor,
háganle sendas derechas.
Todo valle será rellenado,
toda montaña y colina será allanada.
Los caminos torcidos se enderezarán,
las sendas escabrosas quedarán llanas."

Isaías 57:15 / Reina-Valera 1960 (RVR1960)
"Porque así dijo el Alto y Sublime, el que habita la eternidad, y cuyo nombre es el Santo: Yo habito en la altura y la santidad, y con el quebrantado y humilde de espíritu, para hacer vivir el espíritu de los humildes, y para vivificar el corazón de los quebrantados."

Salmos 139:5 / Reina-Valera 1960 (RVR1960)
"Detrás y delante me rodeaste,
Y sobre mí pusiste tu mano."

El propósito de la vida

Isaías 43:7 / Nueva Traducción Viviente (NTV)
"Traigan a todo el que me reconoce
como su Dios,
porque yo los he creado para mi gloria.
Fui yo quien los formé."

Un allegado comentó en Facebook una interesante resolución. La misma era descubrir cuál era el propósito de la existencia humana. A modo de broma, le respondí: "Suerte con eso". Al poco rato vino a mi mente la verdadera respuesta.

"Fuimos creados para glorificar a Dios."

Glorificar tal vez suene ambiguo o algo confuso. De no conocer a Dios pensarás en un Dios egoísta o arrogante, pero nada más lejos de la verdad. Glorificar a Dios es adorarle, alabarle por lo que Él es y por lo que ha hecho por nosotros.

Es reconocerlo como nuestro Creador y a su Hijo como nuestro Salvador.

Es amarlo como Él nos amó y ama, en espíritu y verdad, con toda nuestra alma, corazón y fuerzas. Es alabarle por su sacrificio al entregar a su Hijo por amor a nosotros para que pudiéramos acercarnos a su magnífica y grandiosa presencia.

Glorificar a Dios es entregarle nuestra vida en confianza y obediencia modelando la vida de su Hijo, Jesús el Mesías.

Glorificar a Dios es servir. Es nuestro mayor propósito por el cual fuimos creados y todo lo que El creó lo hizo bueno, lo hizo por amor y para amar. ¿No creen que el mundo sería mejor si el amor fuera nuestro norte y Dios fuera nuestro guía? ¿No debería ser este nuestro modo de vida?

Entre múltiples contestaciones que iban desde metafísica y biología, contesté con la verdad más simple y absurdamente difícil de seguir, pero la verdad que más llena el espíritu y el corazón. La verdad que edifica y transforma vidas.

Demás está decir que no hubo "likes", ni nuevos comentarios, pero sí un inmenso gozo en mi corazón.

Dayanara

Meditad: Dios es el propósito de mi vida.

Alabadle: "Tuyos Somos" interpretada por Lorell Quiles de la producción *Nuestra Fe* (2015).

Escrito está:

Filipenses 2:12-13 / Nueva Versión Internacional (NVI)
"Así que, mis queridos hermanos, como han obedecido siempre —no solo en mi presencia, sino mucho más ahora en mi ausencia— lleven a cabo su salvación con temor y temblor, pues Dios es quien produce en ustedes tanto el querer como el hacer para que se cumpla su buena voluntad."

Éxodo 9:16 / Nueva Versión Internacional (NVI)
"Pero te he dejado con vida precisamente para mostrarte mi poder, y para que mi nombre sea proclamado por toda la tierra."

Efesios 2:10 / Nueva Versión Internacional (NVI)
"Porque somos hechura de Dios, creados en Cristo Jesús para buenas obras, las cuales Dios dispuso de antemano a fin de que las pongamos en práctica."

Graduación con honores

Romanos 8:18 / Reina-Valera 1960 (RVR1960)
"Pues tengo por cierto que las aflicciones
del tiempo presente no son comparables
con la gloria venidera que en nosotros ha de
manifestarse."

"El nombre de Jesús es dulce,
Nos trae paz y alegría cantando esta melodía.
Jesús, Jesús, Jesús.
Subiendo, subiendo, subiendo para el cielo voy.
Tristezas no van conmigo,
Pues Jesucristo se las llevó y echando las
tinieblas fuera,
Pues con Jesús para el cielo voy."

Meditando en el cántico, recordé con nostalgia de donde Dios me sacó y hacia dónde voy. Dios y su Espíritu van limpiando mis caminos. Se han alejado de mí familiares, amigos, gustos y adicciones, he dejado atrás hasta mi trabajo (pues así Dios lo quiso). Muchas de esas pérdidas las he sufrido y llorado en gran manera. Unas las he entendido, pues no hacían bien a mi vida. Me alejaban del plan que Él me tenía y tiene trazado, pues me hacían daño y se habían convertido en enemigas de mi espíritu, intoxicando mi ser. ¿Te ha pasado algo semejante?

Siento el desdén, la soledad de ser "demasiado cristiana" y saber que no lo soy a la vez, porque largo camino me resta. "Demasiado cristiana" porque hablo mucho de Dios, ya no bebo alcohol, ya no escucho música secular, no leo novelas malsanas, ni digo malas palabras...todo parte del trabajo individualizado de Su Espíritu. Aún soy demasiado impulsiva, me falta establecer y ordenar mis prioridades, confiar más, obedecer sin excusas.... la lista parece ser interminable, pero confió en que lo que no es de su agrado en mí, Él lo quitará.

No soy perfecta, pero sí redimida. No dejo de ser humana, pero he sido escogida. Aunque no he alcanzado la meta y me quede mucho por recorrer, sé que lo que ha dejado atrás y he entregado a Dios es pequeño comparado con lo que voy a obtener de su mano. Ganaré algo mayor, verdadero y eterno. Quisiera que los que se alejaron de mi vida compartieran ese gozo, la misma libertad de ser renovado, perdonado y redimido. Me resta continuar siendo testimonio vivo de aquel quien me salvó: Cristo.

Aunque en ocasiones pienso que extraño lo que perdí y a quienes perdí. No cambiaría mi razón de ser por nada del mundo. Dios es mi norte, tenerlo cara a cara mi meta y mi mayor anhelo agradarle, no solo con obras, sino con mi fe y obediencia.

Hay melancolía en mi reflexión, pero a la vez el gozo de saber que algún día cuando finalice esta carrera. Con la ayuda de su Espíritu, lograré tocar su manto, experimentar su poder, bienestar y plenitud eternamente. Ese será el día que me gradúe con honores. Espero que me acompañen y sean partícipes de ese día tan especial.

Este es mi testimonio. ¿Se parece en algo al tuyo? Medita en tu testimonio. Aunque haya perdidas no hemos perdido. Hemos ganado el gozo de la salvación, amor eterno que rebosa y una amistad eterna con el ser que significa y es todo en nuestras vidas: Jesús. No tenemos un Espíritu de temor, sino de valentía; refleja al Cristo que vive en ti. Si solo ven el cambio en ti y no le das a conocer, no se ve su obra en ti. ¿Te atreves a compartir tu gozo? ¿Tu punto de encuentro? Sé que sí, a Dios sea la gloria.

Meditad: Dios transforma nuestras vidas con un propósito.

Alabadle: "Soy Redimido" interpretada Coro Gospel Metropolitano. Traducción al español de "Redeemed" original de Big Daddy Weave, 2012.

Escrito está:

Filipenses 3:7-8 / Nueva Versión Internacional (NVI)
"Sin embargo, todo aquello que para mí era ganancia, ahora lo considero pérdida por causa de Cristo. Es más, todo lo considero pérdida por razón del incomparable valor de conocer a Cristo Jesús, mi Señor."

2 Timoteo 1:9 / Reina-Valera 1960 (RVR1960)
"...quien nos salvó y llamó con llamamiento santo, no conforme a nuestras obras, sino según el propósito suyo y la gracia que nos fue dada en Cristo Jesús antes de los tiempos de los siglos"

1 Pedro 1:8-9 / Nueva Versión Internacional (NVI)
"Ustedes lo aman a pesar de no haberlo visto; y, aunque no lo ven ahora, creen en él y se alegran con un gozo indescriptible y glorioso, pues están obteniendo la meta de su fe, que es su salvación."

De vuelta a la esperanza

Números 21:9 / Reina-Valera 1960 (RVR1960)
"Y Moisés hizo una serpiente de bronce, y la puso sobre una asta; y cuando alguna serpiente mordía a alguno, miraba a la serpiente de bronce, y vivía."

Por un momento, las noticias impactantes en el mundo me entristecieron y turbaron mi corazón. Intenté orar, pero mi mente continuaba turbada; no podía concentrarme en aquel que sabía que podía consolarme. Una imagen se posó en mi mente, la imagen de la serpiente de bronce que hizo Moisés en la asta. Me acordé de un mensaje que antes no entendía, pero que Dios con su plena sabiduría me hizo entender.

Los israelitas estaban siendo atacados y muertos por serpientes venenosas enviadas por su desobediencia y pecado. Moisés oró a Jehová y Él

Diario de un Creyente

le dio instrucciones para que hiciera una serpiente de bronce y la levantara en una asta. Todo aquel que fuera mordido y mirara la serpiente levantada sería sano y viviría.

La serpiente simboliza el pecado. Jehová estaba mostrando el mal al pueblo en esa asta a lo alto, para que todos pudieran ver y ser sanos, al igual que Jesucristo cuando fue crucificado y se convirtió en nuestro pecado para ser visto por miles. Con el pasar del tiempo, millones más recordarían cómo Él venció el mal.

Dios nos enseña que hay tiempos que ameritan que el mal salga a flote. Debe ser presenciado por los seres humanos, para que reflexionemos hasta donde nos han llevado nuestros actos. Es como cuando tocas el fondo del pozo y solo te queda decidir si te quedas en el fondo o subes. Hay momentos en el mundo en que se marcan como precedentes para obtener un bien mayor.

Jesús fue uno de esos precedentes que con su presencia marcó el mundo. Tanto que el tiempo se conoce como antes de Cristo (a.C.) y después de Cristo (d.C.) por una gloriosa razón, porque Jesús es el centro de la historia de la humanidad. Con su crucifixión, Dios nos mostró hasta dónde podía llegar la maldad humana. Hasta matar a un ser inocente y puro. A Jesús, lo escupieron, humillaron, maltrataron y le dieron la más deshonrosa muerte en una cruz.

Jesús fue la muestra viviente de la maldad del hombre, que cargó en su cuerpo noble el pecado de la humanidad, y en donde radicó y radica nuestra posterior esperanza.

La esperanza nos fue devuelta, con la gran noticia de que Él venció la muerte y el pecado. ¡Él resucitó! Venció y nos liberó del pecado para que tuviéramos una relación con nuestro Padre Celestial. Todo esto estaba en el plan del Señor para nosotros.

En este momento trascendental, hubo una lucha visible entre el bien y el mal. Un momento para mirar a la serpiente derrotada y dar gloria por lo que vendrá. Un momento para reflexionar sobre una humanidad capaz de odiar, pero también capaz de desbordarse del amor que solamente viene de Dios, nuestro Creador que, siendo amor, con su toque lo puso en nuestro interior.

Es hora de dar una vuelta hacia la luz de la esperanza, de volver nuestra mirada a aquel que la provee y no volver atrás.

Meditad: Dios tiene un plan trazado.

Alabadle: "Al final" interpretada por Lilly Goodman de la producción *Sin miedo a nada* (2008).

Escrito está:

Juan 16:33 / Nueva Versión Internacional (NVI)
"Yo les he dicho estas cosas para que en mí hallen paz. En este mundo afrontarán aflicciones, pero ¡anímense! Yo he vencido al mundo".

Juan 3:14-15 / Reina-Valera 1960 (RVR1960)
"Y como Moisés levantó la serpiente en el desierto, así es necesario que el Hijo del Hombre sea levantado, para que todo aquel que en él cree, no se pierda, más tenga vida eterna."

Mateo 11:28 / Reina-Valera 1960 (RVR1960)
"Venid a mí todos los que estáis trabajados y cargados, y yo os haré descansar."

Discurrir

***Lucas 5:21 / La Biblia de las Américas (LBLA)
"Entonces los escribas y fariseos comenzaron a discurrir, diciendo: ¿Quién es éste que habla blasfemias? ¿Quién puede perdonar pecados, sino sólo Dios?"***

En una camilla se encontraba un paralítico traído por fe por sus amigos delante de Jesús. Los fariseos estaban allí de testigos y cuestionaron su decisión de perdonar los pecados del paralítico. Cuestionaron quién era para perdonar pecados. Jesús les dijo, "¿Porque discurrís en vuestros corazones? ¿Qué es más fácil, decir 'tus pecados te son perdonados' o 'levántate toma tu camilla y anda'?" Así el paralítico se levantó, tomó su camilla y anduvo glorificando al Señor.

Discurrir significa analizar, razonar alguna cosa. Para Dios, no tienes que discurrir, no hay que razonar humanamente las cosas de Dios que no tienen explicación. Él está más allá de todo análisis humano, de todo raciocinio. Las cosas de Dios tienen su propia razón de ser. Hay cosas, situaciones que no son para tu entendimiento; son para tu transformación.

Jesús no hace una comparación de que es más difícil o fácil, sino qué es prioritario o no. No es una mera demostración de su poder, es una demostración de su autoridad como Hijo de Dios. En ambas situaciones, sea que perdone los pecados o sane al enfermo y afligido, la gloria y la honra serán siempre para Él. Suyo es el poder y la autoridad. Las palabras difícil e imposible no existen en su vocabulario.

Él es el Dios que todo lo puede. No cuestiones sus decisiones. Confía porque lo que te parece ilógico, inimaginable e irracional son las situaciones que Dios utiliza para su gloria. Deja todo en sus manos que Él hará la obra. Él tiene un plan para tu vida y si confías en Él, Dios obrará conforme a sus propósitos para ti.

Te perdona, te redime, te limpia y te dice con seguridad que en tu situación Él está contigo —en tus decisiones, en tu enfermedad y en tu crisis.

Levántate, toma tu camilla y anda glorificando su nombre. *"Levántate, toma tu cruz y sígueme. Mira que te mando que te esfuerces y seas valiente, que no temas, ni desmayes porque Yo Jehová tu Dios estoy contigo donde quiera que tú vayas."*

Meditad: Dios sana y salva.

Alabadle: "Nada es difícil para Dios" interpretada por Manuel y Toñy (Dejando huella Live) de la producción *Encendiendo el fuego* (2000).

Escrito está:

Lucas 5:23-25 / Reina-Valera 1960 (RVR1960)
"¿Qué es más fácil, decir: Tus pecados te son perdonados, o decir: ¿Levántate y anda?
Pues para que sepáis que el Hijo del Hombre tiene potestad en la tierra para perdonar pecados (dijo al paralítico): A ti te digo: Levántate, toma tu lecho, y vete a tu casa. Al instante, levantándose en presencia de ellos, y tomando el lecho en que estaba acostado, se fue a su casa, glorificando a Dios."

Lucas 18:27 / Reina-Valera 1960 (RVR1960)
"Él les dijo: Lo que es imposible para los hombres, es posible para Dios."

Isaías 55:8-9 / Nueva Versión Internacional (NVI)
"Porque mis pensamientos no son los de ustedes, ni sus caminos son los míos
—afirma el Señor—.
Mis caminos y mis pensamientos son más altos que los de ustedes; ¡más altos que los cielos sobre la tierra!"

A solas con Dios

"Yo de esta manera corro, no como a la ventura; de esta manera peleo, no como quien golpea el aire" **1 Corintios 9:26 / Reina Valera 1960 (RVR 1960)**

Para poder estar a solas con Dios, tomé el hábito de levantarme de madrugada. Al principio se me hizo difícil, pero ya mi cuerpo se está acostumbrando a hacerlo.

Antes pensaba que hacer cosas para Dios me acercaba más a Él. Pronto entendí que las cosas de Dios no se hacen a la ligera, por rutina o al azar como dar palmetazos en el aire, sino siguiendo su plena y perfecta voluntad. Nuestro corazón en profundidad y plenitud debe estar involucrado en el hacer. Debemos tener cuidado de que nuestra búsqueda de Dios sea algo genuino, en lugar de una rutina. Que no sea un simple legalismo que como cristiano debo cumplir, una función.

Nuestro acercamiento a Dios debe ser por amor, no por obligación. Debemos hacernos a la idea de que está de visita en nuestra casa y no queremos que se vaya, así que buscamos agradarle con nuestras alabanzas, en sincera conversación en oración y leyendo su Palabra. Gocémonos de su presencia, perfumemos su cabeza y limpiemos sus pies con nuestras lágrimas. Entreguemos todo nuestro ser, poniéndolo a Él como prioridad en nuestras vidas. Como cristianos debemos tener cuidado de que, como dice Dante Gebel, lo sagrado se vuelva común, sino que permanezca en nuestro corazón.

Créanme, Dios es la más grata compañía. Ofrenda tu corazón para agradarle; allí habrá presencia y bendición. El Dios que nunca te abandona se sentirá a gusto en tu casa y se quedará con agrado. Lo sentirás como gozo en tu corazón.

Meditad: Dios anhela estar a solas contigo.

Alabadle: "En lo secreto" interpretada por Emir Sensini junto a Daniel Calvetti de la producción *Deseo tu Gloria* (2015).

Dayanara

Escrito está:

Mateo 22:37-38 / Nueva Versión Internacional (NVI)
"Ama al Señor tu Dios con todo tu corazón, con todo tu ser y con toda tu mente" le respondió Jesús. Este es el primero y el más importante de los mandamientos."

Jeremías 29:12-13 / Reina-Valera 1960 (RVR1960)
"Entonces me invocaréis, y vendréis y oraréis a mí, y yo os oiré; y me buscaréis y me hallaréis, porque me buscaréis de todo vuestro corazón."

Mateo 6:6 / Nueva Versión Internacional (NVI)
"Pero tú, cuando te pongas a orar, entra en tu cuarto, cierra la puerta y ora a tu Padre, que está en lo secreto. Así tu Padre, que ve lo que se hace en secreto, te recompensará."

El Piso Frio

Apocalipsis 2:4 /
Nueva Versión Internacional (NVI)
"Sin embargo, tengo en tu contra que has abandonado tu primer amor."

Cuando uno conoce a Dios y tiene una relación personal con Él, el no estar en su compañía y presencia, hasta la idea de no tenerle es inimaginable.

Tal vez es una comparación trivial, el calor que sientes en su presencia comparado con el frío que sentirás si alguna vez lo tuviste y lo dejaste ir. Como cuando dormimos arropados en el calorcito de nuestra cama y nos levantamos descalzos, tocando el intolerable piso frio. Es lo que llaman "perder el primer amor", porque Él nos amó primero. Nos desenfocamos y al Dios que debemos darle prioridad, el Santo de nuestras vidas, se vuelve común y rutinario.

Pretendemos buscarlo cuando vamos a la iglesia los domingos, leemos su Palabra cuando nos sale, oramos y repetimos, todo sin sustancia, sin esencia, sin buscar de su Espíritu, sin tener una comunión con Dios. Solo lo hacemos por religiosidad, el hacer porque tengo que hacer o porque quiero ser salvo, no porque Dios es nuestra prioridad y nuestro firme primer amor.

Poco a poco vamos diluyendo nuestro espíritu a la nada y, sin darnos cuenta, seguimos el camino sin realmente ver que tenemos por delante. Como si una niebla entorpeciera nuestra vista y nublara nuestro ser. Escribo con tanta convicción porque caminando hacia Él, me separé de su Santidad. Trabajaba para Él, pero no con Él, ni por Él. Estaba en religión, no en relación, pero el Espíritu de Dios en su inmensa misericordia me mostró mi error y quitó la niebla que entorpecía mi camino hacia Dios. Recuerdo que iba conduciendo e iba por un camino conocido por donde vivían mis padres. Me dirigía a una cita médica y en un momento fugaz no sabía si me había pasado de la entrada o no. No sabía dónde estaba ubicada, di la vuelta y volví nuevamente al camino. Me volvió a pasar lo mismo, y nuevamente volví a dar la vuelta hacia el camino. Me preguntaba: *¿Cómo me está pasando esto? ¿Dónde está la entrada? Yo conozco este camino, sé que es el correcto. ¿Qué me pasa?* De repente, en mi mente lo vi todo claro, vi la entrada donde debía dirigirme.

Sí, estaba en el camino correcto. No había perdido mi entrada, estuvo ahí todo el tiempo. El Espíritu me mostró más tarde que no había perdido el camino, sino que había dejado de verle. Mi vista con los afanes de la vida se había nublado y me había perdido. Me dijo, "Todo el tiempo estuviste en el camino correcto, sin verme. No estabas conmigo, pero Yo estaba allí todo el tiempo." Comencé a sollozar y sentí como el piso frio en mis pies al levantarme, me despertó de mi letargo y salí a su encuentro.

No permitamos que la religión, los afanes de la vida, el "yo" nos aparte de nuestro primer amor. No camines por sus caminos por andar. Mantengámonos vigilantes y alertas, poniendo a Dios primero en todo, en relación y unión con nuestro Señor. Reflexiona qué estas poniendo primero en tu vida, qué llena tus vacíos, qué ocupa Su lugar y pídele que organice tus prioridades haciendo que todo lo que quieras sea a Él, porque todo lo que Él anhela y quiere es a ti.

Meditad: Dios quiere ser tu prioridad, siempre tu primer amor.

Alabanza: "No tiene prisa" interpretada y escrita por Alex Campos de la producción *Regreso a ti* (2012).

Escrito está:

Mateo 6:33 / Reina-Valera 1960 (RVR1960)
"Más buscad primeramente el reino de Dios y su justicia, y todas estas cosas os serán añadidas."

Juan 15:5 / Reina-Valera 1960 (RVR1960)
"Yo soy la vid, vosotros los pámpanos; el que permanece en mí, y yo en él, éste lleva mucho fruto; porque separados de mí nada podéis hacer."

1 Juan 4:19 / Reina-Valera 1960 (RVR1960)
"Nosotros le amamos a él, porque él nos amó primero."

Quítate un peso de encima

Eclesiástico 28:2 / Dios Habla Hoy (DHH)
"Perdona las ofensas a tu prójimo,
y Dios perdonará tus pecados cuando se
lo pidas."

Mi pastor suele decir que seguir las enseñanzas de Jesús no es imposible, pero tampoco fácil. En nuestra humanidad, solo podemos hacerlo con la ayuda del Espíritu. Entre esas cosas que no son fáciles está el perdonar. Jesús te enseña amar a tus enemigos, a poner la otra mejilla si alguien te agrave. Muchos dirán es más fácil decirlo que hacerlo y humanamente es cierto; no podemos solos.

El perdón es primordial para el cristiano porque es eso mismo que te lleva a tener una relación personal con Jesús. Él perdonó nuestros pecados — presentes, pasados y futuros — sacrificando su vida en la cruz para que pudiéramos tener una relación con Dios. Al no perdonar, le decimos a Jesús, "Todo lo que hiciste por mí fue en vano". Irremediablemente nos alejamos de Él y de su gloria.

Al no perdonar abrimos las puertas al resentimiento, la amargura, al coraje, a la tristeza por aquella persona que nos hirió. Al no perdonar, no le hacemos daño a aquel o aquella que nos maltrató, sino que nos hacemos daño a nosotros mismos. El no perdonar nos impide tener una relación cercana con Dios. ¿Cómo podríamos pedirle que perdone nuestros pecados si no somos capaces nosotros de perdonar? El Espíritu que vive en ti, te estaría recordando constantemente aquella persona a la que no has perdonado, queriendo sanar tu corazón y reestablecer tu relación con Dios.

Dios me mostró esto de manera muy particular. Necesitaba perdonar a alguien que me había herido. Estaba molesta y no quería hablar con esa persona bajo ningún motivo. Decía que no guardaba rencor, no es algo a lo que estoy acostumbrada, pero la molestia estaba ahí y no quería dar ese paso. Me mantenía ocupada y dejaba que pasaran los días, sin ni siquiera hacer una llamada.

Diario de un Creyente

Entonces tuve un accidente leve que me llevó a cuestionar, a preguntar el por qué me pasaba esto. Buscando la respuesta, me di cuenta de que Dios me detuvo a reflexionar, me puso en tiempo fuera, no como castigo, aunque fue doloroso, sino como un, "Detente. Reflexiona sobre cómo te sientes".

Sentía una carga en mí, una pesadez que no tenía antes. Dejé de luchar y de retardar lo que debía hacer e hice la llamada. Al solo oír mi nombre, la persona que me había herido sollozando me pidió perdón y yo la perdoné de todo corazón. Fue como si un peso saliera de mis hombros, me sentí libre de todo aquello que me apesadumbraba.

Dios me hizo sentir en carne propia la liberación que el perdón hace en nuestras vidas. Así es ciertamente como se siente cuando entregas tu vida a Jesús. Él te recoge tal como estás y perdona tus pecados. Es la libertad que sentirás en el caminar hacia Él cuando vaya transformando tu vida, perdonando y cambiando para bien tus fallas.

Dios te dice, "Hijo mío, la verdadera libertad está en mí. Mi Hijo fue herido, traicionado por un amigo. Él conoce tu dolor y aun así murió por ti, por tus pecados". Cuando alguien te lastime, toma tu tiempo, reflexiona y fija tu mirada en Jesús. No hay mejor modelo de perdón.

Meditad: Dios perdona, hazlo tú.

Alabadle: "El perdón" interpretada por Alex Zurdo de la producción *Mañana es hoy* (2012).

Escrito está:

Mateo 18:21-22 / Reina-Valera 1960 (RVR1960)
"Entonces se le acercó Pedro y le dijo: Señor, ¿cuántas veces perdonaré a mi hermano que peque contra mí? ¿Hasta siete?
Jesús le dijo: No te digo hasta siete, sino aun hasta setenta veces siete"

1 Juan 2:2 / Nueva Versión Internacional (NVI)
"Él es el sacrificio por el perdón de nuestros pecados, y no solo por los nuestros, sino por los de todo el mundo."

Colosenses 3:13 / Nueva Versión Internacional (NVI)
"...de modo que se toleren unos a otros y se perdonen si alguno tiene queja contra otro. Así como el Señor los perdonó, perdonen también ustedes."

Momentos de Silencio

Salmos 39:12 / Reina-Valera 1960 (RVR1960)
"Oye mi oración, oh Jehová, y escucha
mi clamor.
No calles ante mis lágrimas;
Porque forastero soy para ti,
Y advenedizo, como todos mis padres."

Al trabajar con interés y empeño, concentrados en nuestra labor, lo hacemos mayormente en silencio. Aun así, nos es difícil comprender los silencios de Dios.

Si cuando oramos y necesitamos de su presencia, es cuando más le anhelamos y no hallamos respuesta. Sentimos que nos topamos con momentos de silencio de parte de nuestro Salvador.

Pensamos que por qué no le sentimos, Él no está presente, que por qué no le escuchamos, no está escuchando nuestra súplica. Tenemos que redirigir nuestra mente en pensamiento. Según su Palabra, Él está presente siempre y Él escucha con cuidado nuestro clamor.

Regocijémonos en los momentos de silencio. Persistamos en el silencio. Respetemos el silencio. Sirvamos en el silencio. Los momentos de silencio son momentos de obra. Joyce Meyer, en uno de sus devocionales, decía que durante el desierto nuestra fe es probada y que tenemos que aprender a confiar en Dios, buscar su presencia y alabarle aun cuando la vida se nos haga difícil. No dejemos de seguirle, no dejemos de buscarle. Persiste en oración en pos de su Presencia.

Permite que Jesús se concentre en su obra en ti. Él está obrando con empeño como buen carpintero, puliendo cada astilla con el toque de sus santas manos. Con cuidado te está haciendo más fuerte, con cuidado te llena de su paz, con cuidado sana tus heridas y tu enfermedad. Con su infinito amor terminará la obra en ti. Confía.

Meditad: Dios trabaja en su silencio.

Alabadle: "El Sonido del Silencio" interpretada por Alex Campos de la producción *Acústico El Sonido del Silencio* (2006).

Escrito esta:

Filipenses 1:6 / Reina-Valera 1960 (RVR1960)
"…estando persuadido de esto, que el que comenzó en vosotros la buena obra, la perfeccionará hasta el día de Jesucristo"

Isaías 43:2 / Reina-Valera 1960 (RVR1960)
"Cuando pases por las aguas, yo estaré contigo; y si por los ríos, no te anegarán. Cuando pases por el fuego, no te quemarás, ni la llama arderá en ti."

Salmos 145:18 / Nueva Versión Internacional (NVI)
"El Señor está cerca de quienes lo invocan, de quienes lo invocan en verdad."

La gran carrera de la fe

*1 Corintios 9:24-26 /
La Biblia de las Américas (LBLA)
"¿No sabéis que los que corren en el estadio, todos en verdad corren, pero sólo uno obtiene el premio? Corred de tal modo que ganéis."*

En mi tiempo con el Señor, Dios me mostró que sus caminos eran como las carreras con vallas. En las Olimpiadas, hay tantos competidores que tienes que hacer más de una carrera para poder competir en la final. En cada carrera, compites con corredores mucho más rápidos y con mejores tiempos, por lo cual tienes que estar alerta sobre con quién compites y enfocado en la meta.

En las Olimpiadas del 2016, un corredor de origen puertorriqueño manifestó que en una de sus carreras de prueba lo hicieron correr más de lo que él tenía pensado. Con cada carrera incrementó su tiempo y logró superar lo que era su tiempo récord.

Así también es la vida. Los que no se conforman cada vez quieren superarse más. Muchos se esfuerzan y quieren más dinero, otros quieren más fama, más poder, hasta más atención. Para los que deciden estar en los caminos de Dios, también estos quieren más — más de su presencia, de su amor, de su sabiduría, de su misericordia, de su paz, y de sus fuerzas. Tenemos hambre y sed de Él.

Esa carrera igual que la de otros está llena de obstáculos y de pruebas, pero también de experiencias y aprendizaje. Mientras más le busquemos, más le hallaremos. Él nos moldeará hasta llegar a ser nuestro mejor yo. Cada vez la meta estará a más corta distancia y haremos mejores tiempos porque maduraremos en Él y en fe.

Nuestra victoria no solo está dada, porque Él fue vencedor. Nuestra victoria también depende de nuestra actitud, de la mentalidad perseverante de seguir en la carrera. Depende de permanecer en Él, en sus enseñanzas, en el camino. De orar, de alabarle, de ayunar, de buscarle en su Palabra.

Esfuérzate y sé valiente porque Jehová tu Dios está contigo donde quiera que vayas. Corre, que la carrera de la fe sobrepase tus limitaciones y haz tu mejor tiempo.

Meditad: Dios anhela que llegues a la meta.

Alabadle: "A los brazos de papá" interpretada por Gilberto Daza de la producción *A los brazos de papá* (2017).

Escrito está:

Hebreos 12:1 / Reina-Valera 1960 (RVR1960)
"Puestos los ojos en Jesús. Por tanto, nosotros también, teniendo en derredor nuestra tan grande nube de testigos, despojémonos de todo peso y del pecado que nos asedia, y corramos con paciencia la carrera que tenemos por delante"

2 Timoteo 4:7 / Reina-Valera 1960 (RVR1960)
"He peleado la buena batalla, he acabado la carrera, he guardado la fe."

Filipenses 3:14 / Nueva Versión Internacional (NVI)
"...sigo avanzando hacia la meta para ganar el premio que Dios ofrece mediante su llamamiento celestial en Cristo Jesús."

La olimpiada de tu vida

Efesios 6:10-12 /
Nueva Versión Internacional (NVI)
"Por último, fortalézcanse en el gran poder del Señor. Pónganse toda la armadura de Dios para que puedan hacer frente a las artimañas del diablo. Porque no tenemos lucha contra sangre y carne, sino contra principados, contra potestades, contra los gobernadores de las tinieblas de este siglo, contra huestes espirituales de maldad en las regiones celestes."

Estos versículos antes me asustaban porque no conocía el poder de Dios y su presencia en mi carrera que continúa.

¿No les ha pasado que, en un día, tu espíritu te puede llevar a hacer una buena obra y el mismo día tu humanidad te puede llevar a fallar? ¿No han notado que cuando empiezan a ver frutos en su vida, empiezan a notar la transformación del Espíritu en alguna cualidad o algo que no le agradaba a Dios? Cuando empiezas a declarar victoria, Satanás, el destructor de la esperanza, te lleva a fallar en esa misma cosa a la que crees que venciste o a cometer otra falta en una característica de tu persona que creías que ya no existía en ti.

Cuando comienzas a emprender Su obra, empiezan a llegar más obstáculos y pruebas.

Cuídate. El gran engañador quiere llevarte a donde estabas o impedir que sigas adelante en los caminos de Dios. Llena tu mente de palabras como culpa, te llama hipócrita y te ataca con desánimo. Te lleva a sentirte perdedor cuando piensas que habías ganado. Dios nos advierte en su Palabra de nuestro enemigo. Te muestra con quién estás luchando, y te previene de sus engaños. Aun así, en la carrera de la vida podemos caer. Esta carrera no carece de obstáculos. Personalmente, me llevó mucho tiempo el empezar a comprender que la voz de la culpa y el desánimo son artimañas del enemigo para hacerme retroceder. No soy una hipócrita, y si me siento triste cuando cometó una falta, es porque el Espíritu que vive en mí me llama al arrepentimiento, a su perdón. A veces esas faltas son parte de nuestra transformación. Son recordatorios de que existen áreas que aún nos quedan por mejorar o cambiar.

Dios también te dice: "No eres un perdedor. Mi Hijo te liberó del poder del pecado. Yo te conozco, mi Espíritu vive en ti. Yo te amo tal cual eres y eres mi escogido. Transformo lo que está en ti que no es mío, transformo lo que no te hace bien y lo que te aleja de mí. No te dejes engañar, no escuches su voz. La mía en un solo susurro es mucho más potente, porque yo tengo el poder, la autoridad y la sabiduría. Conóceme. Soy Omnipresente, estoy presente en todo tiempo y lugar y Omnipotente, mi poder es inagotable y sin límites. Soy el Gran Yo Soy, el Alfa y la Omega, el principio y el final de tu carrera. No lo escuches. Yo lo deseché de mi Reino, desecha su voz de tu vida."

Aprende a escuchar la voz del amor potente de Dios que te llama por tu nombre, y te susurra: *"Tu nombre no es hipócrita, es redimido. Aún no he terminado mi obra en ti. Escoge escuchar la voz que te dice, 'No temas. Yo estoy contigo en este obstáculo, lo pasaremos juntos'. No te desanimes. Yo vencí la muerte, derroté al pecado. Yo vencí al mundo y vivo en ti. Eres victorioso junto conmigo.*

Dame tu mano y cruzaremos la meta juntos." Es la voz de la verdad, tu mejor animador que exclama: "¡Yo te amo, eres mío, eres vencedor!"

Medita: Dios camina junto a ti, aun en los obstáculos.

Alabadle: "Yo venceré" interpretada por Miel San Marcos de la producción *Dios es Real* (2011).

Escrito está:

Santiago 1:12 / La Biblia de las Américas (LBLA)
"Bienaventurado el hombre que persevera bajo la prueba, porque una vez que ha sido aprobado, recibirá la corona de la vida que el Señor ha prometido a los que le aman."

1 Juan 4:4 / La Biblia de las Américas (LBLA)
"Hijos míos, vosotros sois de Dios y los habéis vencido, porque mayor es el que está en nosotros que el que está en el mundo."

Apocalipsis 12:10 / Reina Valera 1960 (RVR 1960)
"Entonces oí una gran voz en el cielo, que decía: Ahora ha venido la salvación, el poder, y el reino de nuestro Dios, y la autoridad de su Cristo; porque ha sido lanzado fuera el acusador de nuestros

hermanos, el que los acusaba delante de nuestro Dios de día y de noche."

Torre Fuerte

Salmos 61:3 / Nueva Versión Internacional (NVI)
"Porque tú eres mi refugio,
mi baluarte contra el enemigo."

¿Han visto documentales de animales salvajes, como sigilosamente observan a su presa, buscando su vulnerabilidad, esperando el menor error para atraparlas, atacarlas y devorarlas?

Algunas de estas víctimas suelen salvarse' corren a buscar refugio entre árboles, peñascos, en los ríos y huecos en la tierra. Cualquier lugar lejos del depredador que las acecha, donde se sientan protegidas ante el peligro.

En la Biblia, nos suelen comparar con ovejas y a nuestro depredador semejante a un león rugiente, siempre alerta en busca de quién devorar. Las ovejas son animales inteligentes, pero indefensos que tienen pocas probabilidades de supervivencia frente a un león. Sin su guía, sin un pastor que las cuide y las proteja, no tendrían la mínima oportunidad de sobrevivir por su cuenta.

Así somos ante el Pastor. Somos seres vulnerables con aires de autosuficiencia que a la menor señal de peligro huimos despavoridos. Vivimos en una tierra salvaje donde enfrentamos múltiples peligros físicos y espirituales. Nuestro depredador es Satanás, el engañador y enemigo de la salvación de nuestras almas. Él es que el que está sigiloso como león observando cualquier falla, estudiando nuestra vulnerabilidad, poniendo trampas y engaños. Tentándonos para hacernos caer y alejarnos de Dios. Si nos dejamos llevar por nuestra carne llena de obstinación y prepotencia, seríamos fáciles presas de su engaño.

Como cristianos, como sus discípulos, debemos estar alertas, preparados y vigilantes, porque solo tenemos una esperanza y refugio. Jesús nuestra torre fuerte y victoria asegurada.

Dentro de la torre estaremos seguros. El enemigo huye ante su sola presencia. Solo su nombre es poderoso sobre todo nombre, es la luz que aparta las tinieblas y el mal. Es la voz que calma la tormenta, su toque sana al enfermo y su amor liberta al cautivo. Con su sangre preciosa nos redimió y con su fuerza inigualable venció la muerte. ¿Quién no quisiera estar bajo su protección? Ay de quién no lo esté. Prefiero ser presa de su amor mil veces que ser presa del pecado que Él derrotó en mí. Prefiero ser oveja de nuestro Pastor, princesa del Rey vencedor.

Estemos alertas en Él y no nos apartemos de su vista. Permanezcamos en oración, alabanza y en su Palabra. Estemos listos porque en este mundo veremos aflicción, seremos atacados por el depredador, perseguidos y tentados, pero conscientes que tenemos un refugio.

Corramos hacia la torre fuerte, hacia el refugio que es nuestro Señor. Aún si tuviéramos ocasión de caer, no nos apartemos. Corre hacia Él y permanece en Su torre. No hay fuerza maligna que lo atraviese, en Él estarás seguro, porque Dios pelea tus batallas, sana tus heridas y tendrá la victoria.

Meditad: Dios es nuestro refugio.

Alabadle: "Torre fuerte" interpretada por En Espíritu y en Verdad de la producción *Luz y Salvación* (2008).

Escrito está:

1 Pedro 5:8-9 / Reina-Valera 1960 (RVR1960)
"Sed sobrios, y velad; porque vuestro adversario el diablo, como león rugiente, anda alrededor buscando a quien devorar"

Proverbios 18:10 / Reina-Valera 1960 (RVR1960)
"Torre fuerte es el nombre de Jehová;
A él correrá el justo, y será levantado."

Deuteronomio 3:22 / Nueva Versión Internacional (NVI)
"No les tengas miedo, que el Señor tu Dios pelea por ti."

Orar sin cesar

Salmos 127:1 / Reina-Valera 1960 (RVR1960)
"Si Jehová no edificare la casa,
En vano trabajan los que la edifican;
Si Jehová no guardare la ciudad,
En vano vela la guardia."

¿Quién no tiene días ajetreados, cuando todo es hacer y estar muy ocupado? En esos días, suelo tener una lista en mi cabeza de todo lo que tengo que hacer que corre en repetición, una y otra vez en mi mente. Uno de esos ajetreados días, la alarma de mi reloj sonó a las 5:00am, para empezar mi día en oración. Ignoré la alarma, seguí durmiendo y me levanté tarde, con la lista corriendo en mi mente.

Mientras hacía mis quehaceres, miraba mi lugar de oración y pensaba, Dejé a Dios esperando. Ya no tendré tiempo de estar a solas con Él con todo lo que tengo que hacer. No tenía la mentalidad de orar en todo tiempo, no importando lo que estuviera haciendo, ni el enfoque de Martin Luther King, quien decía que, con todo lo que tenía que hacer, tendría que empezar el día orando tres horas. Terminando el día, mi espíritu continuaba sediento, pero el cansancio pudo más y me quedé dormida.

Reflexionaba la mañana siguiente, al leer su Palabra, sobre la oración de Getsemaní. Jesús, en su momento de más angustia, buscó refugio en la oración y les pidió a sus discípulos que permanecieran también en oración. Él sabía lo importante que era estar en comunión con el Padre, pero cuando regresaba a sus discípulos los hallaba durmiendo.

Durante su existencia en la Tierra, Jesús sacaba tiempo para estar a solas con Dios, su Padre. Se alejaba del sonido de la multitud, de las preguntas de sus discípulos y los reclamos de los fariseos para orar. Buscaba un lugar silencioso, en solitario, para comunicarse con Dios. Buscaba estar ante su presencia, escuchar su guía y recibir su fortaleza para continuar con el plan perfecto de salvación.

Dayanara

Jesús mismo nos dio un ejemplo de oración para que estuviéramos en comunión con Dios. Estar en comunión con lo sagrado es vital para nuestra vida espiritual. Así como das alimento a tu cuerpo, tienes que alimentar tu espíritu. Así como la falta de alimento debilita tu cuerpo, también la falta de oración debilita tu espíritu. La oración es esencial y vital.

Mi espíritu me llamaba a orar y tan pronto me levanté el día siguiente, fui con ansias a buscarle; Él estaba allí esperándome, siempre fiel. El espíritu necesitaba de esa conexión con Dios.

En respuesta a su fidelidad, comienza tu día con los buenos días al Maestro y Señor nuestro. Deja que Él guíe tu día por los caminos que tiene deparados para ti. Responde a su fidelidad con tu fidelidad en oración. Ten presente a Dios en cada detalle de tu existencia, en cada quehacer y cada plan. Inserta tus caminos en los suyos y confía en que cada cosa en tu lista está en sus manos, pues Él tiene todo dominio y control. Él proveerá a los que le aman. Ora sin cesar.

Meditad: Dios se agrada de tu oración.

Alabadle: "Dios háblame" interpretada por Barak de la producción *Generación Sedienta* (2014).

Escrito está:

Lucas 6:12 / Nueva Versión Internacional (NVI)
"Por aquel tiempo se fue Jesús a la montaña a orar, y pasó toda la noche en oración a Dios."

2 Timoteo 2:13 / Reina-Valera 1960 (RVR1960)
"Si fuéremos infieles, él permanece fiel;
Él no puede negarse a sí mismo."

1 Tesalonicenses 5:16-18 / Reina-Valera 1960 (RVR1960)
"Estad siempre gozosos. Orad sin cesar. Dad gracias en todo, porque esta es la voluntad de Dios para con vosotros en Cristo Jesús."

Mensaje Victorioso

1 Corintios 1:18 /
Nueva Versión Internacional (NVI)
"Me explico: El mensaje de la cruz es una locura para los que se pierden; en cambio, para los que se salvan, es decir, para nosotros, este mensaje es el poder de Dios."

Hay momentos en nuestro caminar que nos cansamos de tropezar. Nos frustra el seguir fallando cuando queremos agradarle a Dios. Parece que andamos en un *treadmill* o trotadora, corriendo en un mismo lugar y no avanzamos en Dios. Sentimos el proceso de transformación lento. Quisiéramos que los eventos negativos pasaran con mayor rapidez para poder dejarlos en el olvido.

Cuando ocurren desastres, crisis, pérdidas cuantiosas de vida que lamentamos, vemos cómo al pasar el tiempo el evento pierde significado para los que no lo vivieron. Surgen dudas y bromas inhumanas, que aminoran lo que aconteció.

Existe un momento específico en la historia de la humanidad, una muerte que ha trascendido el tiempo, un nombre que resuena con poder y que no pasa al olvido. Una sola "pérdida", muerte que no se convirtió en derrota, que el paso de tiempo no ha desgastado, sino fortalecido, a pesar de las dudas y mofas. Ahí, a ese poder recurro para levantarme y para restaurar mis energías, al sufrimiento en la cruz, a su victoria. Los seres humanos necesitamos conmemorar, recordar eventos pasados para aprender de nuestros errores, pero el recuerdo del mensaje de la cruz no saca a la luz nuestros errores pasados. Los borra cuando caemos ante la cruz en arrepentimiento por su misericordia.

Recordemos otra vez la cruz, volvamos al comienzo que hizo posible nuestra relación con el Padre. No hay nada más poderoso y perpetuo que este mensaje. Cristo es la mejor medicina a tu cansancio, fatiga, frustración, culpa y dolor. Él es la Peña de Horeb que respondió con agua de vida saludable para nuestro ser.

Cuando siento que la mente y las circunstancias quieren ganar la batalla, cuando parece que estoy sola y no siento ya su presencia, busco las fuerzas, en la fuente de todo poder, el nombre sobre todo nombre: Jesús. El mensaje en repetición de la cruz es el antídoto que nunca falla. Le pido a Dios que me lleve al madero, que me recuerde su sacrificio y amor por mí. Ahí empezó todo, donde nos redimió, convirtiéndose en el pecado de la humanidad y fue por siempre proclamado Rey vencedor.

Meditad: Dios te da nuevas fuerzas.

Alabadle: "Si acaso se me olvida" interpretada por Jacobo Ramos de la producción *Dile Al Corazón Que Camine* (2013).

Escrito está:

Salmos 54:4 / La Biblia de las Américas (LBLA)
"He aquí, Dios es el que me ayuda;
el Señor es el que sostiene mi alma."

Colosenses 1:20 / Nueva Versión Internacional (NVI)
"...y, por medio de él, reconciliar consigo todas las cosas, tanto las que están en la tierra como las

que están en el cielo, haciendo la paz mediante la sangre que derramó en la cruz."

Isaías 40:29 / Reina-Valera 1960 (RVR1960)
"Él da esfuerzo al cansado, y multiplica las fuerzas al que no tiene ningunas."

Nueva Criatura

*2 Corintios 5:17 /
Nueva Versión Internacional (NVI)
"Por lo tanto, si alguno está en Cristo, es una nueva creación. ¡Lo viejo ha pasado, ha llegado ya lo nuevo!"*

Cuando recibes al Señor en tu corazón, el pecado se convierte en algo que repeles, que te incómoda, que te hace sentir mal. Es como una comida en mal estado que te pesa en el estómago. Sientes el mal que hace espiritual y físicamente.

Cuando le fallas al Señor y no confiesas tus pecados en arrepentimiento, sientes un peso en el alma. Es el sentir del Espíritu Santo que vive dentro de ti desde que te topaste con el Cristo Resucitado. El Espíritu Santo te redarguye, te muestra lo que hiciste mal y cómo redirigir tu caminar hacia el Padre. Eres una nueva criatura. No le perteneces al pecado, sino a Dios. Como nueva criatura, tu relación con Dios es lo más importante. Por eso rechazas el pecado, por el Espíritu que vive en ti. Antes el pecado que cometías pasaba desapercibido. No sentías la necesidad de agradarle a Dios, por lo tanto, no corrías a sus brazos. No había arrepentimiento. Todo es distinto cuando te encuentras con el Maestro.

Ser nueva criatura no implica que no vas a pecar, sino que ya no eres parte de las tinieblas que te esclavizaban. Cristo murió por tus pecados para que pudieras tener una relación con el Padre. Aléjate de la tentación y evita al pecado, pero si fallan tus fuerzas y caes, no permitas que la culpa te aleje de Dios. No necesitas hacer penitencia para tener audiencia con el Padre; es en este momento que más cerca debes estar. No tienes por qué esconderte, ni alejarte. Él conoce tu andar y tu corazón.

La culpa no es de Dios; ésta hace que te alejes cuando más necesitado estas. El sentimiento de hipocresía no viene de Dios. Él conoce tus debilidades y quiere que las dejes en sus manos. Él no te ve como un hipócrita, sino como un amado escogido. El pecado y la vergüenza te alejan de Dios, pero el arrepentimiento sincero te lleva a su bendita redención. Cristo nos redimió.

Confesemos a Dios nuestro mal andar en Espíritu y Verdad; su misericordia y gracia nos alcanzará. La paz del perdón de Dios nos hará cantar salmos a su Nombre y clamarán nuestras almas en gozo. No hay nada más hermoso que pertenecerle a nuestro Salvador.

Meditad: Dios nos hace nuevas criaturas.

Alabadle: "Yo soy tu hogar" interpretada por Majo Solís. Traducción en español de Out of Hiding de Steffany Gretzinger de la producción *The Undoing* (2014).

Escrito esta:

Salmos 139:23-24 / Reina-Valera 1960 (RVR1960)
"Examíname, oh Dios, y conoce mi corazón;
Pruébame y conoce mis pensamientos;
Y ve si hay en mí camino de perversidad,
Y guíame en el camino eterno."

Salmos 51:16-17 / Nueva Versión Internacional (NVI)
"Tú no te deleitas en los sacrificios

*ni te complacen los holocaustos;
de lo contrario, te los ofrecería
El sacrificio que te agrada
es un espíritu quebrantado;
tú, oh Dios, no desprecias
al corazón quebrantado y arrepentido"*

*Romanos 3:23-24 / Reina-Valera 1960 (RVR1960)
"…por cuanto todos pecaron, y están destituidos de la gloria de Dios, siendo justificados gratuitamente por su gracia, mediante la redención que es en Cristo Jesús."*

Te veré en la cima

Salmos 24:3-4 / Reina-Valera 1960 (RVR1960)
"¿Quién subirá al monte de Jehová?
¿Y quién estará en su lugar santo?
El limpio de manos y puro de corazón;
El que no ha elevado su alma a cosas vanas,
Ni jurado con engaño."

En múltiples ocasiones se compara la vida cristiana como el subir una montaña, el desafío de escalar una montaña y llegar a la cima. Ciertamente no es una metáfora que yo usaría, pues no me gustan para nada las alturas. Imagino que el diario vivir de las personas es semejante a escalar una montaña, la misma con sus áreas más rocosas donde puedes poner firmemente tus pies y sus áreas planas donde uno no tiene donde agarrar para sostenerse.

Diario de un Creyente

Las áreas rocosas no necesariamente son las áreas más difíciles de la vida. Cuando asciendes por una montaña las rocas no impiden tu ascenso; te lo facilitan. No es como si anduvieras por un camino con obstáculos; estos obstáculos te animan a seguir subiendo. Muchas veces lo que ves como obstáculo o dificultad es un impulso de Dios para tu cambio, transformación y bendición. Dios a veces nos pone pruebas para ver dónde nosotros ponemos nuestra fe. Si confiamos en Él, la roca, en lugar de un obstáculo, será un sostén para ascender a la cima gloriosa que Él tiene para ti.

Las áreas planas que en el camino facilitan nuestro caminar, en la montaña representan dificultad. No hay ninguna prueba, ni impulso que nos ayude a subir. A veces el estar en momentos de bonanza también nos aleja de Dios; no lo buscamos porque dejamos de necesitar de Él. La bonanza puede convertirse en un desliz de fe, que sin darnos cuenta nos aleja de Dios. Esa área plana puede ser un alto para reflexionar y dar gracias a Dios por todo lo que te ha dado, pero también puede ser un alto para decir, "Hasta aquí yo llegué, no le necesito más a Él". En lugar de subir nos quedamos en una zona de conformidad, donde todo está aparentemente bien, pero sin Dios. Sin

Él nada somos. Sin Él nada es posible. Sin Él no existe la bendición de la cima.

En esas zonas planas también debemos buscarle, porque las cosas que te ha dado y permitido vivir son bendiciones que debes valorar, pero no adorar. Tu mayor bendición es que le tienes a Él. En la montaña, tu anhelo es subir, alcanzar sus divinos propósitos para servir y darle toda gloria al que te bendice. Quedarte en lo plano no te conduce a una mayor bendición, es estancarte y conformarte con menos. Para las personas que escalan su mayor seguridad, es la soga y el arnés que los sostienen en las zonas planas y aún en las rocosas. La soga es su línea de vida, así como lo es Dios en nosotros los que creemos en Él. Permite que Dios sea tu línea de vida y tu sostén, sin importar en qué circunstancia vivas. Él te dirigirá a tu cima, a tu hogar donde Él habita. No te conformes con menos. No pierdas a Dios, tu bendición y vida.

Meditad: Dios es la línea de vida que nos sostiene.

Alabadle: "Gloria en lo alto" interpretada por Christine D'Clario de la producción *De vuelta al jardín* (2011)

Escrito está:

2 Pedro 1:16-18 / Nueva Versión Internacional (NVI)
"Cuando les dimos a conocer la venida de nuestro Señor Jesucristo en todo su poder, no estábamos siguiendo sutiles cuentos supersticiosos, sino dando testimonio de su grandeza, que vimos con nuestros propios ojos.
Él recibió honor y gloria de parte de Dios el Padre, cuando desde la majestuosa gloria se le dirigió aquella voz que dijo: «Este es mi Hijo amado; estoy muy complacido con él».[a]
Nosotros mismos oímos esa voz que vino del cielo cuando estábamos con él en el monte santo."

Miqueas 4:2 / Reina-Valera 1960 (RVR1960)
"Vendrán muchas naciones, y dirán: Venid, y subamos al monte de Jehová, y a la casa del Dios de Jacob; y nos enseñará en sus caminos, y andaremos por sus veredas; porque de Sion saldrá la ley, y de Jerusalén la palabra de Jehová."

Éxodo 19:20 / Nueva Versión Internacional (NVI)
"El Señor descendió a la cumbre del monte Sinaí, y desde allí llamó a Moisés para que subiera. Cuando Moisés llegó a la cumbre."

El referido

1 Juan 3:21-22 /
Nueva Versión Internacional (NVI)
"Queridos hermanos, si el corazón no nos condena, tenemos confianza delante de Dios, y recibimos todo lo que le pedimos porque obedecemos sus mandamientos y hacemos lo que le agrada."

Hay días que nos encontramos desanimados, y dejamos que nuestras propias emociones y preocupaciones nos quiten el gozo de Dios. Estaba pasando por uno de esos días; estaba pasando por problemas con mi salud. Le referí mi problema de salud al Señor, pero no con la confianza para que Él lo trabajara. Entonces aprendí que nuestras dudas retrasan las bendiciones que Dios tiene deparadas para nosotros y destruyen el trabajar de Dios en las circunstancias de nuestras vidas.

Diario de un Creyente

Como trabajadora social escolar a veces me referían casos de estudiantes, pero cuando comenzaba a investigar, ya el maestro/a había intervenido a pesar de haber pedido la ayuda o referido el caso. Cuando esto pasa se le llama sesgo y la investigación toma otro rumbo. Mi trabajo se ve viciado por intervenciones ajenas a mi voluntad que dificultan que se resuelva, o que impiden su resolución completamente. Eso es lo que hacemos con Dios cuando le pedimos que nos ayude, pero obramos por nuestra propia cuenta y no acorde a su voluntad.

Dios está en control y si le pedimos ayuda debemos soltar la carga y permitir que Él nos guíe. Si nos dice: "Estad quietos" o si no nos pide que trabajemos en medio de la dificultad, debemos dejar que sea Él quien nos dirija, según su divina voluntad. Escuché alguna vez que "Creer es decidirse a obedecer". El no obedecerle es desconfiar en que Él hará la obra en su tiempo que es perfecto. Confía en que nuestro Dios no cambia; no es menos amoroso, menos bueno, menos poderoso, menos capaz, menos misericordioso, ni menos fuerte. Al contrario, Él es por siempre el mismo. Él es el Dios de promesas que permanecen, sus propósitos son para bienestar de los que le aman y nunca podrán ser estorbados, ni siquiera por nosotros. Si le crees confía, si le amas confía, si le dejas tus cargas, rinde tu yo ante Él y confía. Tu referido está en sus perfectas manos.

Meditad: Dios tiene todo bajo su diestra poderosa.

Alabadle: "Mi trabajo es creer" interpretada por Marcos Yaroide de la producción *Del cielo a la tierra* (2010).

Escrito está:

Job 42:2 / La Biblia de las Américas (LBLA)
"Yo sé que tú puedes hacer todas las cosas,
y que ningún propósito tuyo puede ser estorbado"

Salmos 46:10 / Reina-Valera 1960 (RVR1960)
"Estad quietos, y conoced que yo soy Dios;
Seré exaltado entre las naciones; enaltecido seré en la tierra."

Números 23:19 / Nueva Versión Internacional (NVI)
"Dios no es un simple mortal
para mentir y cambiar de parecer.
¿Acaso no cumple lo que promete
ni lleva a cabo lo que dice?"

Humilde

Juan 3:30 / Reina-Valera 1960 (RVR1960)
"Es necesario que él crezca, pero que
yo mengüe."

Le pedía a Dios en oración que quería dar fruto, pero que cuando le sirviera no se llenara mi corazón de orgullo. Creo que es una oración que debemos hacer todos; pues le servimos para mostrarlo a Él, no a nosotros mismos. Yo le pedía a Dios que me mostrara por medio de su Espíritu si en algún momento tenía pensamientos o actitudes con falta de humildad para que Él los quitara de mí. Dios, quien por medio de su Palabra nos habla con sabiduría infinita, me mostró un extraordinario ejemplo de humildad en Juan 3:28-30, el testimonio de Juan, el Bautista.

En la Biblia, uno de los hombres más humildes es Juan, el Bautista. Desde su vestimenta, su alimentación, sus palabras y su misión profética destilaban humildad. No es que pobreza sea sinónimo de humildad, pero su actitud hacia su misión de predicar el reino de Dios y preparar el camino para Cristo era de completa humildad. Él manifestaba que él mismo no era el Cristo, sino que había sido enviado delante de él (Juan 3:28).

Una vez Cristo apareció y bautizó la gente. Juan se hizo a un lado, no con celos en el corazón, sino con regocijo. Sentía el gozo que el amigo del esposo siente cuando su mejor amigo realiza su sueño de casarse con su amada novia (Juan 3:29).

Cuando le servimos a Dios, debemos de tener en cuenta que lo que hacemos no es una meta alcanzada por nosotros; pues solo somos su instrumento. Nuestro propósito es servirle y darle todo honor y gloria. Lo que hacemos es una meta alcanzada para Él, por medio de nosotros para beneficio y bendición nuestra, pero sobre todo para bendición y beneficio de otros.

No tiene que ver en cuantos ministerios participe, diciendo que quiero que quede perfecto para Él y que sea de bendición a otros si cuando terminó mi servicio el yo es quien se engrandece. Porque no buscas dejar tu huella, sino Su huella. No es tu meta, sino Su meta. No son tus propósitos, sino los Suyos.

Somos instrumentos que Él utiliza. Nuestro amor hacia Dios se manifiesta cuando le hacemos brillar con nuestros dones, talentos y testimonio ante los ojos de otros. No es mostrar lo mejor de mí para brillar yo, es dar lo mejor de mí para mostrarlo a Él. Todo lo que somos a Él se lo debemos, y todo lo que somos es para sus divinos propósitos. Muestra a Cristo con la humildad que a Él siendo Rey lo caracteriza. Suyos somos.

Meditad: Dios por medio de Juan y su Hijo nos enseña a ser humildes.

Alabadle: "Tuyo Soy" interpretada por Jesus Culture de la producción *Esto es Jesus Culture* (2015).

Escrito está:

Marcos 9:35 / Nueva Versión Internacional (NVI)
"Entonces Jesús se sentó, llamó a los doce y les dijo:
—Si alguno quiere ser el primero, que sea el último de todos y el servidor de todos."

Filipenses 2:3 / Nueva Versión Internacional (NVI)
"No hagan nada por egoísmo o vanidad; más bien, con humildad consideren a los demás como superiores a ustedes mismos."

Colosenses 3:12 / Reina-Valera 1960 (RVR1960)
"Vestíos, pues, como escogidos de Dios, santos y amados, de entrañable misericordia, de benignidad, de humildad, de mansedumbre, de paciencia."

El sembrador

Mateo 13:19-23/ Reina-Valera 1960 (RVR1960)
"Oíd, pues, vosotros la parábola
del sembrador:
Cuando alguno oye la palabra del reino y no
la entiende, viene el malo, y arrebata lo que
fue sembrado en su corazón. Este es el que
fue sembrado junto al camino.
Y el que fue sembrado en pedregales, éste
es el que oye la palabra, y al momento la
recibe con gozo; pero no tiene raíz en sí, sino
que es de corta duración, pues al venir la
aflicción o la persecución por causa de la
palabra, luego tropieza.
El que fue sembrado entre espinos, éste es el
que oye la palabra, pero el afán de este siglo
y el engaño de las riquezas ahogan la palabra,
y se hace infructuosa.
Mas el que fue sembrado en buena tierra,
éste es el que oye y entiende la palabra, y
da fruto; y produce a ciento, a sesenta, y a
treinta por uno."

Dayanara

La parábola del sembrador muestra el poder de la Palabra para cambiar vidas. Recuerdo que en ocasiones cuando escuchaba dicha parábola, pensaba en cómo estaba mi relación con Dios, dónde estaba ubicada, si en el camino, los pedregales, los espinos o en la tierra buena que quería que estuviese. Ciertamente esa parábola, te llama a reflexionar sobre la Palabra de Dios. Anhelas aceptarla, atesorarla, que viva en ti y produzca fruto al ciento por uno. Jesús muestra la importancia de escuchar y retener lo aprendido en tu corazón para poder tener una relación con el Padre, pero solo esto pasa si le crees.

A mayor tiempo pases estudiando su Palabra y aplicándola a tu vida, mayor beneficio y cercanía con Dios experimentarás en tu vida. Pide a diario al Espíritu Santo que te llene de sabiduría para entenderla y que te guíe a vivirla. Nunca estás solo. Dios anhela nuestro encuentro con la verdad de su Palabra; Él quiere que le conozcas.

A veces, como el agricultor, tenemos que ser pacientes en lo que esperamos la cosecha, pero si sigues sembrando ten por seguro que la cosecha vendrá. Darás fruto al ciento por uno, y alimentarás a muchos en su nombre por el poder de su Palabra en ti.

Meditad: Dios vive en ti por medio de su Palabra.

Alabadle: "Tu Palabra" interpretada por Héctor Serrano junto a René González de la producción *Tu Palabra* (2015).

Escrito está:

2 Timoteo 3:16-17 / Nueva Versión Internacional (NVI)
"Toda la Escritura es inspirada por Dios y útil para enseñar, para reprender, para corregir y para instruir en la justicia, a fin de que el siervo de Dios esté enteramente capacitado para toda buena obra."

Mateo 7:24 / Reina-Valera 1960 (RVR1960)
"Cualquiera, pues, que me oye estas palabras, y las hace, le compararé a un hombre prudente, que edificó su casa sobre la roca."

Santiago 1:22 / Nueva Traducción Viviente (NTV)
"No solo escuchen la palabra de Dios; tienen que ponerla en práctica. De lo contrario, solamente se engañan a sí mismos."

Luz victoriosa

Juan 8:12 / Reina-Valera 1960 (RVR1960)
Jesús, la luz del mundo
"Otra vez Jesús les habló, diciendo: Yo soy la luz del mundo; el que me sigue, no andará en tinieblas, sino que tendrá la luz de la vida."

La vida es una batalla constante entre luz y tinieblas. En su Palabra, Jesús nos dijo que Él era la luz del mundo (Juan 8:12). Quienes conocen su luz, saben que ésta abre tus ojos, ilumina mentes y cambia vidas. Lamentablemente, hay muchos quienes no creen en la luz de Cristo.

Muchas personas ya no ven a Cristo porque están tan sumergidas en las tinieblas que se les hace imposible ver la luz. Han perdido la esperanza.

Otros han permitido que la luz entre en ellos, que haya perforado un pequeño orificio en su

Diario de un Creyente

oscuridad, pero no han abandonado del todo las tinieblas y la luz a la que dieron cabida no puede permanecer.

Otros han visto la luz, han creído en la luz del Señor y le han pedido que se quede con ellos. Cuando viene o se acerca la oscuridad, se han esforzado, han perseverado y han vencido. Dejan y permiten que esa luz siga iluminando su camino.

Hermanos, si su luz ha iluminado aún de forma tenue tu oscuridad, ábrele tu corazón y deja que ilumine el resto. La luz vence toda oscuridad que haya en tu interior.

Si has visto su luz y te alejaste de ella, y las tinieblas han intentado de ocupar tu corazón, vuelve a la luz de tu Señor, solo tienes que caminar hacia ella. Ya sabes el camino, déjate llevar por la luz de Cristo y las tinieblas se irán. No vuelvas a alejarte; si eres ya de la luz, no dejes que tu espíritu se apague. Continúa alimentando esa luz — ora, lee su Palabra sobre su luz cegadora. Sigue llenando de aceite tu lámpara para que estés listo cuando Él venga a iluminar de nuevo la Tierra (Mateo 25).

Dayanara

La oscuridad querrá apoderarse de la luz, querrá apagarla, pero no te dejes vencer, solo cree. Porque su luz incomparable vence toda tiniebla.

Si dejaste que su luz deslumbrara tu interior, al igual que yo, sabes que ya no somos de la oscuridad, somos luz y la luz que en nosotros mora, no morirá. Perseveremos en Él. Permanezcamos y no nos alejemos de su brillo. Sabemos cómo se siente tener ese gozo, esa paz y compañía en nuestro interior que solo viene de su luz. Luchemos por ella. No hay vuelta atrás.

Meditad: Dios ilumina todo a tu alrededor.

Alabadle: "Ilumíname" interpretada por Marcos Barrientos de la producción *Intimo* (2011).

Escrito está:

Juan 3:19-21 / Reina-Valera 1960 (RVR1960)
"Y esta es la condenación: que la luz vino al mundo, y los hombres amaron más las tinieblas que la luz, porque sus obras eran malas.
Porque todo aquel que hace lo malo, aborrece la luz y no viene a la luz, para que sus obras no sean reprendidas.

Mas el que practica la verdad viene a la luz, para que sea manifiesto que sus obras son hechas en Dios."

*1 Juan 1:5 / Nueva Versión Internacional (NVI)
Este es el mensaje que hemos oído de él y que les anunciamos: Dios es luz y en él no hay ninguna oscuridad."*

*Mateo 25:10-12 / Nueva Versión Internacional (NVI)
"Pero mientras iban a comprar el aceite llegó el novio, y las jóvenes que estaban preparadas entraron con él al banquete de bodas. Y se cerró la puerta.
Después llegaron también las otras. "¡Señor! ¡Señor! —suplicaban—. ¡Ábrenos la puerta!"
"¡No, no las conozco!", respondió él."*

Corazón agradecido

Lucas 17:11-19 / Reina-Valera 1960 (RVR1960
"Entonces uno de ellos, viendo que había
sido sanado, volvió, glorificando a Dios a
gran voz, y se postró rostro en tierra a sus
pies, dándole gracias; y éste era samaritano."

Los padres, cuando a su hijo le hacen un obsequio, usualmente les preguntan: "¿Cómo se dice?" A lo que éstos contestan: "Gracias", de manera casi automática. Esas "gracias", muchas veces, no son unas "gracias" sentidas, son más un mandato de mamá o papá, con la esperanza de que internalicen esas "gracias" y las repitan en una futura ocasión. Muchos reciben el regalo y rápido se van a jugar, olvidándose de dar gracias. Algunos reciben el regalo con ojos alegres, casi llorosos de la emoción y van a abrazar a la persona que les dio tal bendición con una genuina acción de gracias.

Diario de un Creyente

En la Biblia, Jesús se encuentra con 10 leprosos y éstos le ruegan por misericordia. Jesús tuvo compasión y le dice que fueran a mostrarse ante los sacerdotes, mientras iban fueron sanados de toda lepra. Uno de ellos, samaritano, mientras iba a los sacerdotes, se percató de que fue limpio de su lepra. Lloroso, corrió hacia su sanador y dice la Palabra que lo glorificó y se postró en tierra a sus pies. Jesús al verle preguntó por los otros nueve, quienes no dieron gloria a Dios por su obra. A este único le dio doble porción, doble bendición; pues no solamente lo sanó, sino que fue salvo por su fe y su agradecimiento sincero.

La acción de gracias es parte esencial de nuestras oraciones. No podemos olvidarnos de darle gracias a nuestro Padre Celestial. Tenemos tanto porque dar gracias: primeramente, por estar vivos, porque todo lo que somos y lo que tenemos se lo debemos a Él por su sacrificio. Si hiciéramos una lista de todas sus bendiciones, de todas las veces que su Presencia se ha hecho viva en nuestras vidas, si miráramos atrás, si recordáramos, veríamos cuán detallista es Dios con sus hijos.

Principalmente debemos darle gracias por la Presencia aquí en la tierra de su hijo Jesús, el cordero que fue inmolado, para que tú y yo pudiéramos tener una relación y vida eterna con el Padre. Gracias por su Presencia que habita en nosotros con su Espíritu Santo, que nos mantiene perseverando en Él. ¿Qué no hay que agradecer? Démosle toda la honra y gloria a nuestro Dios. ¡Cuán grande es su amor por nosotros! ¡Cuán grande es nuestro Dios! Gracias, Señor, por todo.

Meditad: Dios es digno de toda gloria, honra y acción de gracias.

Alabadle: "Gracias" interpretada por Hillsong United junto a Alex Campos de la producción *Hillsong Global Project / Español* (2012).

Escrito está:

Lucas 17:11-19 / Reina-Valera 1960 (RVR1960)
"Yendo Jesús a Jerusalén, pasaba entre Samaria y Galilea.
Y al entrar en una aldea, le salieron al encuentro diez hombres leprosos, los cuales se pararon de lejos y alzaron la voz, diciendo: !!Jesús, ¡Maestro, ten misericordia de nosotros!

Cuando él los vio, les dijo: Id, mostraos a los sacerdotes. Y aconteció que mientras iban, fueron limpiados.

Entonces uno de ellos, viendo que había sido sanado, volvió, glorificando a Dios a gran voz, y se postró rostro en tierra a sus pies, dándole gracias; y éste era samaritano.
Respondiendo Jesús, dijo: ¿No son diez los que fueron limpiados? Y los nueve, ¿dónde están? ¿No hubo quien volviese y diese gloria a Dios sino este extranjero?
Y le dijo: Levántate, vete; tu fe te ha salvado."

Efesios 5:20 / Nueva Versión Internacional (NVI)
"dando siempre gracias a Dios el Padre por todo, en el nombre de nuestro Señor Jesucristo."

1 Corintios 15:57 / Nueva Versión Internacional (NVI)
"¡Pero gracias a Dios, que nos da la victoria por medio de nuestro Señor Jesucristo!"

La Palabra Grabada

Colosenses 3:16 / Reina-Valera 1960 (RVR1960)
"La palabra de Cristo more en abundancia en vosotros, enseñándoos y exhortándoos unos a otros en toda sabiduría, cantando con gracia en vuestros corazones al Señor con salmos e himnos y cánticos espirituales."

Cada Salmo es una canción de alabanza que nos permite grabar su Palabra en nuestro corazón y mente. De hecho, son 150 canciones inspiradas por Dios. Leyendo el Salmo 46, recordé un coro que cantaban en la iglesia en mi niñez; estaba ajena que ese cantico era Palabra de Dios para confortar nuestras vidas. Decía:

"Dios es nuestro amparo y nuestra fortaleza,
nuestro pronto auxilio en la tribulación,
Aunque se traspasen los montes a la mar,
aunque la tierra tiemble,

tenemos que cantar
El cielo y la tierra pasaran más su Palabra
no pasará (2)
No, no, no pasará…"

Puede que algunos recuerden este cántico. Pues si lo recuerdan están recitando versículos de la Biblia de memoria, específicamente el Salmo 46 y como estos versículos hay muchos más que vienen a nuestra mente y hemos aprendido en forma de canción.

Memorizar versículos nos ayuda a tener la Palabra grabada en las tablas de nuestro corazón (Proverbios 7:2-3). Nos permite que recitemos su Palabra y promesas al orar, alabarle, animarnos y reconfortar a otros en momentos de necesidad. Nos permite hacer que la Palabra viva en nuestros corazones.

Es una forma para Dios comunicarse con nosotros, que el Dios de nuestras vidas nos hable. La Palabra viva es refrigerio a nuestros oídos, alivia nuestro espíritu atribulado, nos libra de la tentación y nos llena de gozo en tiempos de paz y quietud. Su Palabra vivirá para siempre, hagámosla vivir grabándola en nuestra mente y corazón. Su Palabra es vida.

Dayanara

Meditad: Dios nos bendice con su Palabra.

Alabadle: "Tu Palabra" interpretada por Twice de la producción *Sesión Orgánica Vol.4* (2017).

Escrito está:

Salmos 121 / Reina-Valera 1960 (RVR1960)
"Alzaré mis ojos a los montes;
¿De dónde vendrá mi socorro?
Mi socorro viene de Jehová,
Que hizo los cielos y la tierra."

Salmos 119:11 / Reina-Valera 1960 (RVR1960)
"En mi corazón he guardado tus dichos,
Para no pecar contra ti."

Salmos 145:1-3 / Reina-Valera 1960 (RVR1960)
"Te exaltaré, mi Dios, mi Rey,
Y bendeciré tu nombre eternamente y para siempre.
Cada día te bendeciré,
Y alabaré tu nombre eternamente y para siempre.
Grande es Jehová, y digno de suprema alabanza;
Y su grandeza es inescrutable."

Músculos Espirituales

Deuteronomio 28:1 /
Reina-Valera 1960 (RVR1960)
"Acontecerá que si oyeres atentamente la voz de Jehová tu Dios, para guardar y poner por obra todos sus mandamientos que yo te prescribo hoy, también Jehová tu Dios te exaltará sobre todas las naciones de la tierra."

Comienza el año y todo el mundo comienza a hacer resoluciones. La más escuchada es la resolución de bajar de peso. Los gimnasios se llenan en enero, las tiendas comienzan a vender artículos de hacer ejercicios y las personas comienzan a compartir dietas para bajar de peso. Le dicen la resolución de tres meses, porque para algunos dura hasta marzo y todo vuelve luego a la normalidad. Unos tienen más voluntad que otros porque verse bien es su prioridad; dicen estar haciendo un balance entre su vida diaria y salud física. No me malentiendan, la salud de nuestro cuerpo es importante, pero la misma no debe ser nuestra prioridad. El enfoque de estas personas está solamente en su físico y olvidan algo mucho más importante: su vida espiritual.

¿Han escuchado alguna vez la frase "músculos espirituales"? Se refiere a que al igual que hacemos ejercicios y dietas para fortalecer y alimentar nuestro cuerpo, también debemos alimentar y fortalecer nuestro espíritu con su Palabra. El balance con Dios no existe; no hay un balance de tu vida diaria y vida espiritual, sino un desbalance que balancea tu vida. Somos cuerpo, alma y espíritu, hechos a imagen y semejanza de Dios. En Dios, estamos balanceados y Él ordena toda nuestra vida, si le ponemos a Él primero. Si alimentamos nuestra área espiritual primero, dependemos de Él en todo lo demás y ajustamos nuestra vida conforme a Su voluntad. Dios sostiene el balance en todo lo demás. Él sostiene nuestra balanza, la afirma y balancea con sus manos.

Hermanos, todo lo que ocupe el centro de nuestras vidas que no sea Dios es un ídolo. Pidamos a Dios que organice nuestras vidas al punto que Él sea el principio para poder llegar bien al final.

Meditad: Dios es el balance perfecto.

Alabadle: "En tus manos" interpretada por Sheila Romero de la producción En tus manos (2009).

Escrito está:

Mateo 6:33 / Nueva Versión Internacional (NVI)
"Más bien, busquen primeramente el reino de Dios y su justicia, y todas estas cosas les serán añadidas."

Colosenses 3:1-2 / Nueva Versión Internacional (NVI)
"Ya que han resucitado con Cristo, busquen las cosas de arriba, donde está Cristo sentado a la derecha de Dios.
Concentren su atención en las cosas de arriba, no en las de la tierra"

Gálatas 4:8-9 / Nueva Versión Internacional (NVI)
"Antes, cuando no conocían a Dios, ustedes eran esclavos de los que en realidad no son dioses. Pero, ahora que conocen a Dios —o más bien que Dios los conoce a ustedes—, ¿cómo quieren regresar a esos principios ineficaces y sin valor? ¿Quieren volver a ser esclavos de ellos?"

No lo pierdas de vista

Juan 1:1 / Reina-Valera Antigua (RVA)
"En el principio era el Verbo, y el Verbo era con Dios, y el Verbo era Dios."

Escuchaba en una predicación de la serie "Bootcamp" *[campo de entrenamiento básico]* de Joyce Meyer (2011) cómo una familia judía encontró a su Mesías. Hubo una parte del relato que tocó las fibras de mi corazón.

La abuelita de la familia, según relata Meyer, obstinada se rehusaba a escuchar sobre Jesús y su Palabra. Su hijo oraba por ella y le pedía a Dios que, si no era por él, que su madre conociera al Señor a través de otra persona para que ésta tuviera también un encuentro con el Mesías. Una enfermera del asilo donde se encontraba la anciana dejó su Biblia en el cuarto de aquella mujer. Ésta le contó a su hijo y él la pidió que al menos leyera los cuatro evangelios.

El poder de la Palabra de Dios tocó su corazón y abrió sus ojos a la luz del Señor. Contándole a su hijo, la anciana le dijo: "Estuvo ahí todo el tiempo y lo perdimos de vista". Me dije, Yo no quiero perder de vista al Maestro; no quiero perderme a Jesús.

En su Palabra dice el Señor, "Busquen mientras pueda ser hallado. Llegará el día que no podré ser alcanzado." Mientras tanto, Jesús insiste y nos repite una y otra vez: "Pedid y se os dará, buscad y hallaréis, llamad y se os abrirá. Porque todo el que pide recibe y el que busca halla y al que llama se le abrirá." Lo repite en seis ocasiones porque Él conoce con quienes lidia. Lo muestra en nuestras mentes, pues conoce nuestras debilidades. No lo pierdas de vista. Él está ahí esperando que te decidas a abrirle las puertas de tu corazón.

Dios te dice en esta hora, "Levántate si duermes. No dejes de buscar mi presencia. Continúa buscando de mí. Confiesa los tesoros que hallaste en mi Palabra. Espera paciente en mí. Yo abriré la puerta, contestaré tu clamor porque soy el Padre que te ama. Escucharás mi voz."

"Buscarás al Señor tu Dios y lo hallarás con todo tu corazón y toda tu alma" (Deut. 4:29).

Despertemos de nuestro letargo, busquemos al Señor con perseverancia cada día. Tengámoslo en nuestra mente y corazón. Él está dispuesto, que no sea nuestro decir como el de aquella anciana: Todo el tiempo estuvo aquí con nosotros y no lo vimos. No pierdas de vista a Emmanuel, Dios con nosotros.

Meditad: Dios estuvo y está siempre con nosotros.

Alabadle: "Jesús en el Centro" interpretada por Israel Houghton de la producción *Jesús En EL Centro* (2014)

Escrito está:

Hebreos 10:19 / Reina-Valera 1960 (RVR1960)
"Así que, hermanos, teniendo libertad para entrar en el Lugar Santísimo por la sangre de Jesucristo"

Deuteronomio 4:9 / Reina-Valera 1960 (RVR1960)
"Por tanto, guárdate, y guarda tu alma con diligencia, para que no te olvides de las cosas que tus ojos han visto, ni se aparten de tu corazón todos los

días de tu vida; antes bien, las enseñarás a tus hijos, y a los hijos de tus hijos."

Apocalipsis 1:8 / Reina-Valera 1960 (RVR1960)
"*Yo soy el Alfa y la Omega, principio y fin, dice el Señor, el que es y que era y que ha de venir, el Todopoderoso.*"

Fuerte

Marcos 3:27 / Reina-Valera 1960 (RVR1960)
"Ninguno puede entrar en la casa de un hombre fuerte y saquear sus bienes, si antes no le ata, y entonces podrá saquear su casa."

Por Jesús, los gentíos se aglomeraban y con un solo toque de su mano o con solo sus palabras eran sanos los enfermos y los demonios eran echados fuera. En Marcos 3:22-27, se relata como los escribas, al ver las obras de Jesús, decían que éste era el príncipe de los demonios. Jesús, con su eterna sabiduría, les respondió: ¿Cómo puede Satanás echar fuera a Satanás?

Al igual que existe el bien, existe su contraparte: el mal. El ladrón viene para hurtar, matar y destruir nuestra esperanza, fe y gozo del Señor. Jesús vino para darnos vida abundante (Juan 10:10). Él nos advierte del enemigo, pero también nos dice cómo derrotarlo. Ciertamente los demonios no echan fuera demonios, sino el poder y la presencia del nombre que es sobre todo nombre: Jesús. Él nos aconseja con sus palabras: "Ninguno puede entrar en la casa de un hombre fuerte y saquear sus bienes, si antes no le ata, y entonces podrá saquear su casa." (Marcos 3:27).

Un hombre o mujer fuerte espiritualmente es quien realmente cree, conoce y le sirve al Señor. Es quien cimenta su casa sobre la roca, quien tiene firme su zapata y su mirada puesta en Dios. El enemigo va a tratar de hacernos dudar de lo que Dios tiene para nuestras vidas. Atarnos es su misión, para robar nuestra fe y gozo. Él pone dudas en nuestra mente y corazón, tentándonos, quitándonos poco a poco la fe que tenemos depositada en el Señor.

Vivimos en una constante lucha, un hombre o mujer fuerte necesita cuidarse para permanecer fuerte. Al igual que un fisiculturista necesita mantenerse haciendo ejercicios de fuerza y tener una alimentación saludable, nosotros los cristianos, para mantenernos fuertes, debemos alimentarnos con la Palabra y mantener nuestra relación con el Dios Todopoderoso para ejercitar nuestra fe. Así cada día nos haremos más fuertes en Dios y no habrá ladrón que se atreva a acercarse, ni ladrón que saquee nuestras moradas. Mi casa y tu casa no serán solo refugio de nuestras familias, sino que habitará también Jehová de los Ejércitos como poderoso gigante. Así que digamos como Josué: "Mi casa y yo serviremos a Jehová".

Meditad: Dios me da fuerzas. Él es mi fortaleza.

Alabadle: "Fuerte soy por ti" interpretada por Isabelle de la producción *El Tiempo llegó* (2011).

Escrito está:

Mateo 7:25 / Reina-Valera 1960 (RVR1960)
"Descendió lluvia, y vinieron ríos, y soplaron vientos, y golpearon contra aquella casa; y no cayó, porque estaba fundada sobre la roca."

Salmos 18:32 / Reina-Valera 1960 (RVR1960)
"Dios es el que me ciñe de poder,
Y quien hace perfecto mi camino"

Salmos 46:1 / Reina-Valera 1960 (RVR1960)
"Dios es nuestro amparo y fortaleza,
Nuestro pronto auxilio en las tribulaciones."

Recordatorio

Lucas 24:6-8 /
Nueva Versión Internacional (NVI)
"No está aquí; ¡ha resucitado! Recuerden lo que les dijo cuando todavía estaba con ustedes en Galilea: 'El Hijo del hombre tiene que ser entregado en manos de hombres pecadores, y ser crucificado, pero al tercer día resucitará'."

Cuando colgamos una cruz en nuestro cuello, lo hacemos como recordatorio del amor de nuestro Señor. Jesús murió por amor a su creación para darnos una oportunidad de redención. Murió por nuestros pecados, para que pudiéramos acercarnos al Padre. Él mismo se convirtió en pecado, recibió toda nuestra maldad en su inocente cuerpo que nunca pecó, y lo hizo por ti y por mí. Es ese amor que recordamos con la imagen de la cruz, ese sacrificio que muchas veces ignoramos y pasamos por alto.

Dayanara

En el Calvario, hubo un intercambio cruel y vil; fue cambiado el justo por el injusto, el inocente por el culpable. Nadie abogó por Cristo, todos prefirieron a Barrabás. Escogieron al culpable, escogieron el pecado. Aun viendo su luz, aun siendo testigos de su gloria y milagros, escogieron el mal.

Esa imagen no está ajena a nosotros. Todos fuimos culpables de su crucifixión y Él nos dio a cambio su resurrección, su victoria sobre la muerte y la agonía del pecado, la agonía de estar lejos de su Padre. Jesús no pasó la copa. A diferencia de nosotros, Él escogió salvarnos.

Nosotros no estamos ajenos a lo que sucedió en el Calvario. ¿Cuántas veces hemos de herir a Jesús, amando más al mundo que a Él? La cruz es un recordatorio para quienes abrimos nuestros ojos y tuvimos la oportunidad nuevamente de elegir. Los que esta vez elegimos bien, debemos recordar que vivimos en este mundo, pero no somos de este mundo. Debemos recordar su sacrificio, que por Él somos nuevas criaturas y como nuevas criaturas debemos de actuar.

Si continuamos pecando, escogemos a Barrabás y no a Cristo. Si así actuamos, estamos rechazando a Jesús. Busquemos de Dios, volvámonos a su Palabra, aprendamos a vivir en el Espíritu. Sigamos creciendo, sigamos madurando en la fe y continuemos nuestro progreso dejando que el Espíritu de Dios transforme nuestro corazón, actuando conforme a su voluntad en obediencia al Altísimo. Estamos en batalla, pero no vencidos. Recordemos y sigamos sus pasos

Meditad: Dios nos amó tanto que dio a su Hijo por nosotros.

Alabadle: "O la Sangre", interpretada por Lilly Goodman de la producción *Gateway Worship* (2014).

Escrito está:

Hebreos 9:28 / Nueva Versión Internacional (NVI)
"…también Cristo fue ofrecido en sacrificio una sola vez para quitar los pecados de muchos; y aparecerá por segunda vez, ya no para cargar con pecado alguno, sino para traer salvación a quienes lo esperan."

Marcos 10:45 / Reina-Valera 1960 (RVR1960)
"Porque el Hijo del Hombre no vino para ser servido, sino para servir, y para dar su vida en rescate por muchos."

Dayanara

Tito 2:14 / Nueva Versión Internacional (NVI)
"Él se entregó por nosotros para rescatarnos de toda maldad y purificar para sí un pueblo elegido, dedicado a hacer el bien."

Falta de enfoque

Efesios 1:18 / Nueva Versión Internacional (NVI)
"Pido también que les sean iluminados los ojos del corazón para que sepan a qué esperanza Él los ha llamado, cuál es la riqueza de su gloriosa herencia entre los santos."

Existe una condición visual que no es común, como la miopía o el astigmatismo; tiene que ver más con la falta de enfoque. Aun teniendo una visión perfecta, no puedes enfocar tu mirada en momentos específicos, como cuando vas a leer o escribir. Para que esta condición visual sea diagnosticada, requiere un examen especial denominado optometría funcional y a diferencia de otras condiciones puedes recibir terapias y tratamiento para su mejoría.

Espiritualmente hablando, algunos padecemos de una condición similar. Creemos que vemos, que estamos bien en este aspecto, porque hacemos todo lo "correcto" y en realidad estamos perdiendo el enfoque que es, sin lugar a duda, Dios y la obediencia que debemos tener a sus preceptos. Creemos en Dios, le oramos, leemos su Palabra, le pedimos perdón por nuestras fallas, pero nuestro espíritu ya no está involucrado.

Se vuelve esto una rutina y perdemos poco a poco el hambre de estar con Dios, perdemos nuestro enfoque. Dejamos de obedecer porque lo espiritual se vuelve rutina, se vuelve común. Perdemos el enfoque, vemos el camino correcto de frente a nosotros, pero no con nuestros ojos espirituales, sino con los carnales.

Comenzamos a sentir que cuando oramos hay algo en nuestro corazón que nos inquieta. Sabemos que está con nosotros, que nos está escuchando, pero no logramos sentir su Presencia. Leemos la Biblia, notamos que nos habla, pero la Palabra no cala hondo en nuestro interior y no es guardada ni atesorada en nuestro corazón.

Nos estancamos, no crecemos todo porque perdimos el enfoque, la visión de su Espíritu.

Diario de un Creyente

Pero al igual que la condición visual que hablé antes tiene solución, tu falta de enfoque espiritual también lo tiene. Arrodíllate, rasga tu corazón y pide perdón a Dios, pide restablecer tu amistad con Él, que tu corazón se llene de su amor y que tu visión sea clara para saber sus designios. Él responderá y te mostrará nuevamente sus caminos. Persevera y mantente en Él. Ese es el tratamiento, pronto verás como tus ojos son abiertos y tu visión eternamente clara.

Meditad: Dios abre tus ojos a su luz.

Alabadle: "Abre mis ojos" interpretada por Danilo Montero de la producción *Muéstrame tu Gloria* (2003).

Escrito está:

Lucas 24:30-31 / Nueva Versión Internacional (NVI)
"Luego, estando con ellos a la mesa, tomó el pan, lo bendijo, lo partió y se lo dio. Entonces se les abrieron los ojos y lo reconocieron, pero él desapareció."

Joel 2:12-13 / Reina-Valera 1960 (RVR1960)
"Por eso pues, ahora, dice Jehová, convertíos a mí con todo vuestro corazón, con ayuno y lloro y lamento.
Rasgad vuestro corazón, y no vuestros vestidos, y convertíos a Jehová vuestro Dios; porque misericordioso es y clemente, tardo para la ira y grande en misericordia, y que se duele del castigo."

Lucas 24:31 / Reina-Valera 1960 (RVR1960)
"Entonces les fueron abiertos los ojos, y le reconocieron; más él se desapareció de su vista."

La última oportunidad

*Isaías 55:6-7 / Reina-Valera 1960 (RVR1960)
"Buscad a Jehová mientras puede ser hallado, llamadle en tanto que está cercano. Deje el impío su camino, y el hombre inicuo sus pensamientos, y vuélvase a Jehová, el cual tendrá de él misericordia, y al Dios nuestro, el cual será amplio en perdonar."*

Leyendo el libro de Lee Strobel *El Caso de Cristo* (2000), reflexionaba sobre una frase: "Jesús es nuestra última oportunidad de redención y salvación". No hay más oportunidades, no hay más salvadores. Él era y Él es.

Jesús es la bendición, el regalo de Dios a los hombres. Regalo de gracia, perdón, misericordia, sanidad, redención, restauración y salvación. Es un regalo ofrecido por Dios a los hombres con amor eterno. Un regalo de un Padre deseoso de tener una relación de amor con sus hijos.

Podemos recibir el regalo y no usarlo, como cuando nos regalan algo lo recibimos y apenas lo tenemos lo guardamos en el clóset o armario, olvidándonos con el tiempo que está allí. Como hemos escuchado, no es lo mismo recibir que poseer. He visto como hermanos reciben a Jesús en su corazón, pero no lo hacen suyo. Jesús no forma parte esencial de sus vidas, Dios no forma parte esencial de sus vidas. Se quedan cortos en la elección; eligen a Dios, pero tal vez temen ser uno con Dios. Aún son los mismos, temen al cambio, a tener que dejar todo aquello que les gusta, a sufrir o padecer a causa de recibirle y servirle.

No son libres, no viven su perdón, su ser está lleno de vergüenza y culpa o viven en rencor incapaces de perdonar. No viven en su amor, sino en la rutina del mundo robótico que los rodea en su frialdad. No viven en paz, sino en constante temor o guerra y no viven en la luz, porque no sueltan aún las tinieblas.

Acaso se olvidan de que su sacrificio rompió con la culpa, la vergüenza, el rencor, el desamor, el temor, las tinieblas y hasta la muerte. El velo del templo se rasgó, abriéndonos a el regalo glorioso de una relación con nuestro Padre Celestial. Jesús, su muerte y resurrección fue nuestro regalo, un regalo pagado con un gran precio, pero ofrecido con un gran amor. No sólo recibas el regalo; poséelo, hazlo tuyo. Sé libre, vive en amor, gozo, paz, adoración y acción de gracias a aquel que te hace digno de recibirlo. El que murió por ti y por mí. Tu mayor y mejor regalo. Tu última oportunidad de redención. Alimenta tu fe.

Meditad: Dios es un Padre generoso.

Alabadle: "Glorioso" interpretada por B.J. Putnam junto a Lucia Parker de la producción *Más y Más en Vivo* (2014).

Escrito está:

Josué 14:12 / Nueva Versión Internacional (NVI)
"Dame, pues, la región montañosa que el Señor me prometió en esa ocasión. Desde ese día, tú bien sabes que los anaquitas habitan allí, y que sus ciudades son enormes y fortificadas. Sin embargo, con la ayuda del Señor los expulsaré de ese territorio, tal como él ha prometido."

Dayanara

Juan 14:6 / Reina-Valera 1960 (RVR1960)
"Jesús le dijo: Yo soy el camino, y la verdad, y la vida; nadie viene al Padre, sino por mí."

2 Corintios 3:16-18 / Nueva Versión Internacional (NVI)
"Pero, cada vez que alguien se vuelve al Señor, el velo es quitado. Ahora bien, el Señor es el Espíritu; y, donde está el Espíritu del Señor, allí hay libertad. Así, todos nosotros, que con el rostro descubierto reflejamos como en un espejo la gloria del Señor, somos transformados a su semejanza con más y más gloria por la acción del Señor, que es el Espíritu."

Realmente libre

*Mateo 6:13 / Reina-Valera 1960 (RVR1960
"Y no nos metas en tentación, más líbranos
del mal; porque tuyo es el reino, y el poder, y
la gloria, por todos los siglos. Amén."*

No solamente luchamos con potestades y legiones. En ocasiones luchamos con nuestra mente, con nuestra pasada vieja criatura que intenta volver a resurgir para apartarnos de Dios. Los cristianos estamos en una constante lucha contra el pecado, pero a veces en lugar de darle muerte a las tentaciones, estas nos advierten que el pecado está dormido y no muerto. Recurrimos a cubrir nuestra falta cuando sabemos que no podemos solos.

Es entonces donde caemos de rodillas ante nuestro Dios, le rogamos por ayuda y fortaleza. Él nos dice, "No estás solo, no estás sola". El

Espíritu Santo que habita en nosotros, está obrando, pero no es solamente su obra. La vieja criatura que quedó atrás no es lo que somos, pero las circunstancias del mundo son las mismas y pueden hacernos fallar.

El Espíritu Santo puede y hará la obra; no te rindas, ni te apartes. Deposita tu total y absoluta confianza en Dios. Nuestro libre albedrío tiene que darle paso a su obra, no estamos despojados del mismo. En Cristo somos realmente libres, pero no podemos continuar en las mismas circunstancias que la vieja criatura. Tenemos que hacer nuestros ajustes y alejarnos de lo que nos tienta o puede causar tentación. Por ejemplo, un alcohólico puede ser transformado por el Espíritu Santo, pero no puede pasar sus días en un bar. Debemos buscar ayuda con alguien de nuestra absoluta confianza (como un pastor o mentor) al cual podamos contarle lo que nos aflige para que además de aconsejarnos, también ore junto con nosotros.

Si estás luchando con tentaciones o con un pecado interior, tu batalla la ganarás de rodillas, pidiéndole a Jesús que te dé fortaleza y recordando que todo lo puedes en Él y que todo es posible por Él. Permite que el Espíritu Santo obre en tu vida. Él te guiará y te ayudará a hacer los ajustes que sean necesarios para sobrepasar con honor esta prueba. Recuerda que es un trabajo en conjunto entre Dios y tú. Dios no forzará su entrada. Abre tu corazón y tu mente, permite que esa transformación sea completa. No ganarás esta batalla solo. No esperes ser limpio para acercarte a Dios, sino lo contrario acércate a Él y Él te guiará, te hará limpio y realmente libre.

Medita: Dios te limpia de todo pecado

Alabadle: "Limpio soy" interpretada por Blest de la producción *Grandes Éxitos* (2016).

Escrito está:

1 Corintios 10:13 / Reina-Valera 1995 (RVR1995)
"No os ha sobrevenido ninguna prueba que no sea humana; pero fiel es Dios, que no os dejará ser probados más de lo que podéis resistir, sino que dará también juntamente con la prueba la salida, para que podáis soportarla."

Santiago 1:3 / Nueva Versión Internacional (NVI)
"[pues] ya saben que la prueba de su fe produce constancia."

Hebreos 4:15 / Nueva Versión Internacional (NVI)
"Porque no tenemos un sumo sacerdote incapaz de compadecerse de nuestras debilidades, sino uno que ha sido tentado en todo de la misma manera que nosotros, aunque sin pecado."

¿Y si estuviera equivocado?

Salmos 119:11 / Reina-Valera 1960 (RVR1960)
"En mi corazón he guardado tus dichos,
Para no pecar contra ti."

El mundo está en un constante cambio, parece aligerar sus pasos a la corrupción y al mal. Más que antes, vemos como lo malo se ha hecho bueno sin ningún temor hacia nuestro Dios (Isaías 5:20-25). Dichos comunes sin ninguna exploración, ni investigación se han convertido en la "sabiduría" de las masas, donde Dios es religión, fundamentalismo es prejuicio y ser cristiano es visto con muy malos ojos.

El mundo dice: "Mi cuerpo es mío y yo hago con él lo que yo quiera", refiriéndose al aborto.

"¿Dios no hizo las enfermedades?, pues, la eutanasia es un acto de compasión".

Dayanara

Él fue un hombre o una mujer bueno/a. Seguro está en el cielo."

"El malo es Dios, mira lo que pasa con los niños en las guerras."

"Ustedes los cristianos están locos. Dios es un ser creado por su imaginación; ignorantes no se dan cuenta que no existe."

"Los cristianos son unos matones, mira lo que pasó en la Santa Inquisición."

Se tergiversa su Palabra, se razona y justifica el pecado, se persigue a los cristianos y se burlan de Dios.

He escuchado decir que es preferible creer en Dios, aunque dijeran que no es cierta su existencia, que no creer, estar equivocado y ver luego las consecuencias de mi pecado. Los comentarios anteriores vienen de las masas, del creer conocer la verdad sin cuestionar solo porque a mí me parece razonable.

Tanto creer, como no creer es cuestión de fe. Decir que sí crees en Dios, es más que decirlo; es vivirlo. Reflexiona y pregúntate si tienes una relación con

Dios. Has leído su Palabra, ¿realmente le conoces? Cada cosa que hagas o digas que vaya en contra de ese Dios, en el Dios que dices creer o no creer, tiene consecuencias si no te arrepientes. La única verdad se encuentra en su Palabra, aquella que ahora desmienten, cuestionan, tergiversan a su antojo y a conveniencia, como si no existiera Dios. ¿Te has preguntado qué harías si fueras tú el equivocado? Si Jesús viniera y te encontrará persiguiendo a los suyos, rechazando a su Padre, ¿te bastará con "ser bueno"?

Si ves las noticias y recuerdas lo que alguna vez te enseñaron, te darás cuenta que están cambiando bien por mal. Que lo que antes no era aceptado, ahora es apreciado en contra de lo que Dios nos enseñó. ¿Quieres arriesgarte a esperar si estás equivocado o no?

No predico religión, ni miedo, sino que pido que esa misma perseverancia que utilizas para defenderte y atacar la utilices para explorar y realmente conocer el lado que atacas. Si lees esto, el llamado es de Dios, no mío, siempre es de Él. Si eres cristiano, ve en qué lado cayó tu semilla antes de señalar (Lucas 8:11-15). Si tienes una relación con Dios y vives en amor, no temas del sembrar. Hay tanta gente que necesita la esperanza que se encuentra en Él y en su Palabra. Pasa el mensaje de Dios sin temor y atesora su Palabra para no pecar contra tu Creador, Redentor y Señor.

Meditad: Dios es real.

Alabadle: "Demente" interpretado por Tercer Cielo junto a Annette Moreno de la producción *Lo que el viento me enseñó* (2012).

Escrito está:

Juan 3:16 / Reina-Valera 1960 (RVR1960)
De tal manera amó Dios al mundo, Porque de tal manera amó Dios al mundo, que ha dado a su Hijo unigénito, para que todo aquel que en él cree, no se pierda, más tenga vida eterna."

Salmos 37:3 / Nueva Versión Internacional (NVI)
"Confía en el Señor y haz el bien;
establécete en la tierra y mantente fiel."

Salmos 73:25 / Nueva Versión Internacional (NVI)
"¿A quién tengo en el cielo sino a ti?
Si estoy contigo, ya nada quiero en la tierra."

Ten confianza, levántate, te llama

2 Crónicas 7:14 / Reina-Valera 1960 (RVR1960)
"...si se humillare mi pueblo, sobre el cual mi nombre es invocado, y oraren, y buscaren mi rostro, y se convirtieren de sus malos caminos; entonces yo oiré desde los cielos, y perdonaré sus pecados, y sanaré su tierra."

Hoy oraba preocupada por la situación en mi país y me vino a la mente el versículo de 2 Crónicas 7:14. Luego estudiando su Palabra esta mañana, me tocó leer Marcos 10:35-52. No creo en casualidades y esta lectura ofreció respuesta a mi clamor.

Cuenta la Palabra que dos discípulos ambicionaban estar más cerca de Jesús que los otros. Al contestar la pregunta: "¿Qué quieres que haga por vosotros?" ellos contestaron, "Que en tu gloria estemos sentados a tu derecha e izquierda". Esta petición fue movida por su ambición y egoísmo, fomentando la discordia entre sus discípulos.

Dayanara

Más adelante, un mendigo ciego llamado Bartimeo se da cuenta que Jesús está allí presente. Este empieza a clamar a alta voz, "¡Hijo de David, ten misericordia de mí!" Los que estaban a su alrededor querían acallar su voz y él clamaba aún más alto. Jesús le escuchó, deteniéndose. Mandó a llamarle y llamaron al ciego diciéndole, "Ten confianza, levántate. Te llama".

Jesús le hace la misma pregunta: "¿Qué quieres que haga?" El ciego le pide y por su fe es sano y salvo.

El mensaje de la Palabra de Dios en Marcos es claro y es lo que Dios anhela que su pueblo haga. "Clama a mí y Yo responderé..."

La Palabra nos muestra dos ejemplos. Los habitantes de todas las naciones debemos de manera imperante dejar de buscar nuestro beneficio individual, sin pensar en el colectivo. Debemos de dejar de vivir vidas egoístas con ambiciones que parezcan buenas, pero que no lo sean, como hicieron estos discípulos.

Dios no te exige que le sigas, Él es quien te da el libre albedrío para que lo invites a tu vida. Él no se impone, Él espera y anhela que los líderes del mundo y sus escogidos clamen como Bartimeo a su Hijo. Que nos unamos y clamemos, "¡Hijo de David, ten misericordia de mi país!"

¿Cuántos golpes más recibiremos a causa de nuestra soberbia? ¿Cuándo reconoceremos su presencia y control en medio de las circunstancias?

Dios anhela que te unas en clamor y lo invites a sanar tu tierra. Ten confianza en su misericordia y poder. Él te levantará; está esperando tu invitación. Clama al Dios soberano.

Meditad: Dios es el soberano. Rey de nuestras vidas.

Alabadle: "En el trono está" interpretada por Christine D'Clario de la producción *Eterno Live* (2017).

Escrito está:

Marcos 10:35,36,37,46-49 / Reina-Valera Antigua (RVA)
"Entonces Jacobo y Juan, hijos de Zebedeo, se llegaron á él, diciendo: Maestro, querríamos que nos hagas lo que pidiéremos.
Y él les dijo: ¿Qué queréis que os haga?

Y ellos le dijeron: Danos que en tu gloria nos sentemos el uno á tu diestra, y el otro á tu siniestra."
El ciego Bartimeo recibe la vista
"Entonces vinieron a Jericó; y al salir de Jericó él y sus discípulos y una gran multitud, Bartimeo el ciego, hijo de Timeo, estaba sentado junto al camino mendigando.

Y oyendo que era Jesús nazareno, comenzó a dar voces y a decir: ¡¡Jesús, Hijo de David, ¡ten misericordia de mí!

Y muchos le reprendían para que callase, pero él clamaba mucho más: ¡¡Hijo de David, ten misericordia de mí!

Entonces Jesús, deteniéndose, mandó llamarle; y llamaron al ciego, diciéndole: Ten confianza; levántate, te llama."

Salmos 135:5-7 / Reina-Valera 1960 (RVR1960)
"Porque yo sé que Jehová es grande,
Y el Señor nuestro, mayor que todos los dioses.
Todo lo que Jehová quiere, lo hace,
En los cielos y en la tierra, en los mares y en todos los abismos."

La solución

Jeremías 33:3 / Reina-Valera 1960 (RVR1960)
"Clama a mí, y yo te responderé, y te enseñaré cosas grandes y ocultas que tú no conoces."

Todos hemos sufrido en algún momento o, mejor dicho, en varios momentos de nuestras vidas. Hemos padecido de circunstancias difíciles que nos llenan de ansiedad, dudas, preocupación y temor. Vivimos en una lucha constante en nuestra mente y ser. Circunstancias externas se transforman en internas, debilitando nuestra fuerza interior.

Como cristianos conocemos que todo tiene un propósito, pero en la era del "lo quiero ahora", impacientes buscamos nuestra propia solución. Pasa de nuestras mentes su Palabra, donde hemos visto sin lugar a duda la solución a nuestro dolor, ansiedad y preocupación. La solución que nos daba David y Pablo por poner algunos ejemplos. Ellos clamaban a Dios.

David clamaba en el dolor, pecado, pruebas, luchas y en medio de su sentimiento de culpa. "No hay nada sano en mi carne, a causa de su ira, ni hay paz en mis huesos a causa de mi pecado" (Salmos 38:3, RVR 1960). En lugar de regodearse de su dolor en soledad, él conocía que Dios lo escuchaba y que era el único que podía rescatarle y restaurarle. Decía: "Señor delante de ti están todos mis deseos, y mi suspiro no te es oculto" (Salmos 38:19, RVR 1960). David sabía que Dios lo escuchaba, que conocía su circunstancia y su corazón. Él cifraba todas sus esperanzas en Dios y clamaba. Él reconocía el estado de congoja en que se encontraba, en el cual no podía ver la luz de Dios. David quería esa luz de vuelta, la esperanza de Dios. "Mi corazón esta acongojado me ha dejado mi vigor, mi fuerza y aún la luz de mis ojos, me falta ya" (Salmos 38:10, RVR 1960). Dios era la luz de sus ojos, David reconocía que nada podía sin Dios. Su esperanza, confianza, rescate, redención y salvación estaban en Dios.

La solución: Clama a Dios, se repite en su Palabra una y otra vez. No dejemos que la dificultad nuble nuestro entendimiento; aún en medio del dolor, clamemos. Pablo nos repetía la solución. "Por nada estéis afanosos, sino sean conocidas vuestras peticiones delante de Dios en toda oración y ruego, con acción de gracias. Y la paz de Dios, que sobrepasa todo entendimiento, guardará vuestros corazones y vuestros pensamientos en Cristo Jesús (Filipenses 4:6-7, RVR1960)."

Dios quiere que clamemos a Él ante cualquier dificultad, temor, ansiedad y culpa. Recordemos que solo no lo podemos hacer, que lo necesitamos a Él. Dios quiere que lo necesitemos. Pidamos al Señor, contémosle nuestra situación, pidámosle perdón por nuestros pecados y preparémonos para recibir la esperanza y paz que tanto anhelamos. Todo entendimiento y lógica será sobrepasado por su poder. Los problemas son pasajeros, pero Dios es eterno. Dios es tu solución. Clama.

Meditad: Dios quiere ser tu mayor necesidad.

Alabadle: "Mayor es Él" interpretada por Marcos Witt de la producción *Sigues Siendo Dios en Vivo* (2015).

Escrito está:

Proverbios 3:5-6 / Nueva Versión Internacional (NVI)
"Confía en el Señor de todo corazón,
y no en tu propia inteligencia.
Reconócelo en todos tus caminos,
y él allanará tus sendas."

1 Juan 5:14 / Nueva Versión Internacional (NVI)
"Esta es la confianza que tenemos al acercarnos a Dios: que, si pedimos conforme a su voluntad, él nos oye."

Nahúm 1:7 / Reina-Valera 1960 (RVR1960)
"Jehová es bueno, fortaleza en el día de la angustia; y conoce a los que en él confían."

Majestuosa familia

Romanos 8:16 / Reina-Valera 1960 (RVR1960)
"El Espíritu mismo da testimonio a nuestro
espíritu, de que somos hijos de Dios."

¡Qué gozo tan grande es saber que pertenecemos a la gran familia de un Rey! Que gracias a su Hijo podemos ser llamados hijos de Dios. Mientras escuchaba la canción de Steffany Gretzinger "No Longer Slaves" *[Ya no soy un esclavo]* en reverencia a nuestro Padre Celestial, su hermosa y sin igual presencia me hizo afirmar con gran alegría del espíritu una y otra vez que soy hija de Dios.

Al igual que exclama la alabanza, debemos declarar ese sentido de presencia, de afirmación y pertenencia como hijos de un Padre Celestial que nos ama profundamente.

Dayanara

Fuimos linaje escogido desde el vientre de nuestras madres, llamados por cada uno de nuestros nombres por el acto y sentimiento más importante de todos, el amor, más que nada su inmenso e inigualable amor.

Ya no somos esclavos del temor. Su Hijo, Cristo, nos hizo libres. Nos libertó de la esclavitud del pecado con su sangre preciosa y nos hizo hijos, hermanos, amigos de un Padre amoroso y fiel. Con su amor, con la pasión de su Hijo, Jesús, se rasgó el velo que nos separaba de su grandeza y magnificencia.

Con la fuerza de su amor divide los mares, calla las tormentas, el fuego no quema, sana enfermedades y pelea tus batallas. El temor es echado fuera por su perfecto amor. Gloria demos al Padre, bendecido sea el nombre sobre todo nombre de su Hijo. Gracias a su sacrificio y amor, podemos declarar hoy que somos realeza inmerecida, hijos e hijas de una majestuosa familia celestial. ¡Regocijémonos!

Meditad: Dios es nuestro Padre amoroso.

Alabadle: "Ya no soy un esclavo": interpretado por Julio Melgar y Ivonne Muñiz. Traducción en español de "No longer slaves" de Steffany Gretzinger de la producción *The Undoing* (2014).

Escrito ésta:

Salmos 2:7 / Nueva Versión Internacional (NVI)
"Yo proclamaré el decreto del Señor:
Tú eres mi hijo», me ha dicho;
«Hoy mismo te he engendrado."

Juan 1:12-13 / Nueva Versión Internacional (NVI)
"Mas a cuantos lo recibieron, a los que creen en su nombre, les dio el derecho de ser hijos de Dios. Estos no nacen de la sangre, ni por deseos naturales, ni por voluntad humana, sino que nacen de Dios."

Mateo 5:9 / Reina-Valera 1960 (RVR1960)
"Bienaventurados los pacificadores, porque ellos serán llamados hijos de Dios."

...Y a Pedro

Marcos 16:7 / Reina-Valera 1960 (RVR1960)
"Pero id, decid a sus discípulos, y a Pedro, que él va delante de vosotros a Galilea; allí le veréis, como os dijo."

Jesús había resucitado y un ángel daba las buenas nuevas, pero había un discípulo que se había descarriado; se había apartado de Jesús. Este discípulo era Pedro, el que antes le dijo a Jesús que daría su vida por Él. Ese discípulo, que después cuando Jesús más lo necesitaba lo negó en tres ocasiones, hasta juró que no le conocía. Este discípulo se sintió miserable al haberle faltado al que tanto amaba. Tal vez se sentía hipócrita, avergonzado, indigno y culpable. Si lo pensamos bien, Pedro muy posiblemente no quería, no se atrevería a darle la cara a Jesús.

Diario de un Creyente

Cuando conocemos a Dios, creemos en Él y cuando pecamos la culpa nos aleja de Dios. No queremos fallarle, no queremos ser hipócritas y nos arriesgamos alejándonos de Él. ¿Sabes? No hay nada que te separe de su amor, ni la distancia más larga que pongas entre tú y Él hará que no te alcance.

El ángel, mensajero de Dios, tenía un llamado especial e individual para Pedro, diciéndole: "Pedro, no importa lo que hayas hecho, yo todavía te amo. Tú eres importante para mí y quiero estar contigo."

Jesús te dice lo mismo. No hay nada de lo que hayas hecho, de lo que hagas o de lo que harás que te separen de su amor. No permitas que el enemigo te aleje de Él o nuble tu camino. Jesús te da el mismo mensaje, *"No hay nada que te separe de mi amor y mi misericordia. Ya yo pagué el precio en la cruz, ven a mi encuentro. Nuestra relación no es por obra, es por gracia. Tengo tantos planes para tu vida; quiero compartirlos contigo."*

Vivir sin Dios no es una opción; el apartarte, tampoco. Permanece, lucha por tu relación con el Cristo fiel. Al igual que a Pedro, Dios te da la oportunidad de reivindicarte. Arrodíllate frente a su presencia y pide que te perdone. Da gracias por su perdón y respóndele con un "Te amo, te amo, Jesús. Tú sabes que te amo". Él siempre te recibirá con sus brazos abiertos. ¡Prepárate para dar fruto!

Meditad: Dios te llama cuando menos te lo esperas.

Alabadle: "Otra oportunidad" interpretado por Twice- sencillo (2015).

Escrito está:

Juan 21:15-17 / Reina-Valera 1960 (RVR1960)
"Apacienta mis ovejas. Cuando hubieron comido, Jesús dijo a Simón Pedro: Simón, hijo de Jonás, ¿me amas más que éstos? Le respondió: Sí, Señor; tú sabes que te amo. Él le dijo: Apacienta mis corderos.
Volvió a decirle la segunda vez: Simón, hijo de Jonás, ¿me amas? Pedro le respondió: Sí, Señor; tú sabes que te amo. Le dijo: Pastorea mis ovejas. Le dijo la tercera vez: Simón, hijo de Jonás, ¿me amas? Pedro se entristeció de que le dijese la tercera vez: ¿Me amas? y le respondió: Señor, tú lo sabes todo; tú sabes que te amo. Jesús le dijo: Apacienta mis ovejas."

Corazón refinado

Salmos 66 / La Biblia de las Américas (LBLA)
"Porque tú nos has probado, oh Dios;
nos has refinado como se refina la plata."

Recientemente, fui a ver una película en un cine que ofrece películas extranjeras. Nunca habíamos ido, así que estábamos contentos mi pareja y yo de poder compartir esa experiencia juntos. Mi esposo me había preguntado qué tipo de película quería ver, si comedia o drama. Le dije comedia, pues era mi cumpleaños y quería continuar con ese tono de festejo.

Cuando comenzó la película, no era lo que esperamos y lo que vi no lo sentía de mi agrado. No era que la película estuviese mal actuada; eran excelentes actores. Efectivamente era una comedia, hubo momentos jocosos y el tema estaba curioso e interesante.

Dayanara

El problema era el sentimiento que me causó el terminar de ver la película. El pecado que destilaba de manera tan natural entristecía mi espíritu. No conocía de esos trastornos y adicciones que mostraba la película. Tuve que buscar en internet y asegurarme que eso que había visto era cierto. Realmente me impactó el ver cómo las personas son utilizadas por el enemigo, como son esclavas dentro de su propio cuerpo. Me impactó el hecho de que desconozco la amplitud del pecado en el hombre y sé que solo fue una muestra de lo que el enemigo de las almas puede hacer para dañarnos.

Aprendí que cuando conocemos al Señor, nuestro espíritu es transformado. Cambian nuestras esperanzas y gustos, y se refina nuestro corazón a algo mucho mejor, algo más impactante que el pecado y las tinieblas que puede haber en el mundo. Nosotros hemos experimentado el impacto de la luz de Jesús, de la libertad que ofrece a toda esclavitud y a toda adicción. Hemos experimentado la transformación de su llamado celestial. Las personas se preguntan, "¿Por qué dejaste de beber bebidas alcohólicas? ¿por qué ya no escuchas música secular? o ¿por qué no vistes de cierta manera?"

Diario de un Creyente

Fue mi elección, pero no impulsada por mí, sino por su Espíritu. Yo no hubiese podido lograr esos ajustes sola. Fueron mis ajustes; Dios transforma de manera individual. De no haberla visto la película, no hubiese hecho esta reflexión. La transformación del Espíritu de Dios es tan real como el mismo pecado que habita en el mundo, pero también es tan real como la luz que limpia el pecado del mundo. Dios sin duda es mi anhelo y que termine su trabajo, su obra en mí, mi mayor recompensa. No quiero volver atrás por nada del mundo.

¿Es este también tu anhelo? Si lidias con el pecado habitual, con cualquier adicción, tráela a Dios en oración. Él y solo Él puede cambiar tu lamento en baile. Él y solo Él puede alejar las tinieblas de tu alma y traer una luz eterna en tu interior. Jesús que murió por ti y por mí, te ve con otros ojos. Te perdonará y te limpiará de ese pecado o cualquier obstáculo que impida tu salvación. Solo por su amor. Déjalo refinar tu corazón.

Meditad: Dios transforma tu vida.

Alabadle: "Una Nueva canción": interpretada por Alex Zurdo junto a Kike Pabón- sencillo (2017).

Escrito está:

2 Corintios 3:18 / Reina-Valera 1960 (RVR1960)
"Por tanto, nosotros todos, mirando a cara descubierta como en un espejo la gloria del Señor, somos transformados de gloria en gloria en la misma imagen, como por el Espíritu del Señor."

Hechos 2:38 / Nueva Versión Internacional (NVI)
"—Arrepiéntase y bautícese cada uno de ustedes en el nombre de Jesucristo para perdón de sus pecados —les contestó Pedro—, y recibirán el don del Espíritu Santo."

Romanos 12:2 / Nueva Traducción Viviente (NTV)
"No imiten las conductas ni las costumbres de este mundo, más bien dejen que Dios los transforme en personas nuevas al cambiarles la manera de pensar. Entonces aprenderán a conocer la voluntad de Dios para ustedes, la cual es buena, agradable y perfecta."

Desnudez

2 Corintios 12:9 / Reina-Valera 1960 (RVR1960)
"Y me ha dicho: Bástate mi gracia; porque
mi poder se perfecciona en la debilidad. Por
tanto, de buena gana me gloriaré más bien
en mis debilidades, para que repose sobre mí
el poder de Cristo."

¿No has tenido de esos sueños locos y generalizados que sales o estas en un salón desnudo? Sientes una vergüenza inmensa y con tu cara de vergüenza buscas en el sueño dónde esconderte.

Esto me llevó a pensar en Adán y Eva (¿en quienes más?) cuando se ocultaron de Dios porque se dieron cuenta de su desnudez y que le habían fallado a Él. Dios ya sabía de su pecado y los buscaba tristemente, porque se habían apartado. Así mismo nos pasa a nosotros cuando pecamos y le fallamos a Dios; sentimos esa misma vergüenza de haberle fallado al Señor.

En ocasiones tenemos pecados ocultos, desnudez que nadie ve, pero sabemos que sólo Dios conoce. Los hijos de Dios sabemos que Él conoce todas nuestras transgresiones y que no hay lugar oculto en el que podamos escondernos de Él.

Sabemos que, a diferencia de Adán y Eva, tenemos el regalo inmerecido de su gracia. Aun así, la vergüenza y la culpa nos puede atacar. No debemos abusar de su misericordia, pero debemos tener conciencia de la debilidad de nuestra carne.

Tal vez le hemos pedido como sus hijos, "Ven, Señor. No soporto la vergüenza de mi debilidad. ¡Desiste de mí!"

El sentimiento de culpa nos puede llevar a alejarnos de Dios, y eso es lo que el enemigo más anhela. Utilicemos esa culpa para acercarnos más, utilicemos la vergüenza para rendirnos y amar más. Recordemos a aquel que se vistió con nuestra vergüenza en la cruz. Rendirse no es la respuesta; Él no se rindió cargando pecados que no eran suyos. Sigamos su ejemplo. No desistas hasta que llegue el día de gloria y victoria. Los momentos de debilidad vendrán, pero Dios se perfecciona en la misma.

"No puedo desistir de ti, prometí que nunca te dejaría. Bien sabes que te amo. Tú no puedes vivir sin mí, pero Yo tampoco quiero estar sin ti. Eres mi hijo/a amado/a. ¿Qué Padre de amor rechazaría a su hijo? Yo tengo un propósito para tu vida y este se cumplirá. No desmayes. Continúa, Yo te doy nuevas fuerzas. Soy tu Dios, el que te habla. No te entristezcas, estoy contigo. Dedícate y entrégate en oración a mí. Yo conozco tu corazón y tus intenciones para conmigo. Sé que me amas. Yo te amo tanto. Levanta tu rostro y vuelve a empezar."

Meditad: Dios quita tu vergüenza.

Alabadle: "De Gracia en Gracia" (sencillo), Hillsong Worship en español (2016).

Escrito está:

Génesis 3:7 / Reina-Valera 1960 (RVR1960)
"Entonces fueron abiertos los ojos de ambos, y conocieron que estaban desnudos; entonces cosieron hojas de higuera, y se hicieron delantales."

Dayanara

Salmos 130:3-4 / Nueva Versión Internacional (NVI)
"Si tú, Señor, tomarás en cuenta los pecados,
¿Quién, Señor, ¿sería declarado inocente?
Pero en ti se halla perdón,
y por eso debes ser temido"

Salmos 103:3-5 / Reina-Valera 1960 (RVR1960)
"Él es quien perdona todas tus iniquidades,
Él que sana todas tus dolencias;
Él que rescata del hoyo tu vida,
Él que te corona de favores y misericordias;
Él que sacia de bien tu boca
De modo que te rejuvenezcas como el águila."

Los primeros cristianos

*Hechos 6:7-12 / Reina-Valera 1960 (RVR1960)
"Y crecía la palabra del Señor, y el número de los discípulos se multiplicaba grandemente en Jerusalén; también muchos de los sacerdotes obedecían a la fe."*

Los primeros cristianos eran guiados por su fe, por lo que habían visto y oído. Dejaban todo para seguirle, eran perseguidos y morían por Cristo. Daban todo lo que tenían, compartían sus bienes y oraban sin cesar.

Los cristianos actuales creemos por fe de lo que hemos oído y aunque ciertamente no hemos visto, hemos sido testigos de milagros, hemos visto como Dios ha transformado vidas, incluyendo la nuestra y hemos experimentado su Presencia en nuestras vidas. En nuestro caminar, no necesariamente hemos tenido que vender todo para seguirle, pero nuestro amor por Él nos lleva a no ser amantes de lo material, sino amantes de Su Presencia. Dios nos pide que nos entreguemos en sacrificio vivo y agradable a Él. Al conocerle y amarle, nuestra reacción es entregarle todo nuestro ser, pero no es nuestra naturaleza carnal que hace esto posible, sino con su Espíritu que al aceptarle mora en nosotros y hace todo posible.

El sacrificar nuestro "yo" nos cuesta, no está en nuestro aprendizaje y naturaleza. Nos cuesta deshacernos de la comodidad, nos cuesta confiar en que Dios suplirá nuestra necesidad. Nos da trabajo dejar nuestras cargas en sus manos y nos cuesta necesitarle. Todo porque el temor a perder inunda nuestras vidas. En su Palabra, dice que el amor echa fuera el temor; se refiere a su amor. Dios es amor que nos llena de confianza cuando permanecemos en relación cercana con Dios. El conocerle poco a poco transforma nuestras vidas, haciendo a Dios nuestra prioridad y primera necesidad.

Sigamos el testimonio de los primeros que le amaron. Dejemos todo en sus manos, oremos sin cesar por cada situación en nuestras vidas, compartamos y ayudemos a los más necesitados. Confiemos. ¿Qué nos detiene para servirle y darnos por entero? Centrémonos en nuestra meta de alcanzarle, centrémonos en Cristo, en su Palabra, que sea Él lo más importante en nuestras vidas.

Meditad: Dios es primero que todo.

Alabadle: "Soy amante de tu Presencia", interpretada por Ingrid Rosario de la producción *Pasión* (2013).

Escrito está:

Mateo 6:33 / Nueva Versión Internacional (NVI)
"Más bien, busquen primeramente el reino de Dios y su justicia, y todas estas cosas les serán añadidas."

1 Pedro 2:17 / Reina-Valera 1960 (RVR1960)
"Honrad a todos. Amad a los hermanos. Temed a Dios. Honrad al rey."

Juan 13:35 / Reina-Valera 1960 (RVR1960)
"En esto conocerán todos que sois mis discípulos, si tuviereis amor los unos con los otros."

En los negocios de mi Padre

Lucas 2:49 / Reina-Valera 1960 (RVR1960)
"Entonces él les dijo: ¿Por qué me buscabais? ¿No sabíais que en los negocios de mi Padre me es necesario estar?"

Dios es nuestro Padre. Somos inequívocamente sus hijos cuando le confesamos y creemos en Él. Jesús, el Hijo de Dios, desde pequeño en su adolescencia, tenía su mirada puesta en el Padre. Por esto que su respuesta a sus angustiados padres terrenales, luego de estar "perdido" por tres días, fue: "... ¿No sabíais que en los negocios de mi Padre me es necesario estar?"

Así como Jesús desde temprana edad estimó necesario estar en los negocios de su Padre, siendo nuestro modelo para seguir, nosotros debemos seguir su ejemplo. Cuando te agobie el desánimo, el cansancio y procrastinar sea tu carta de presentación, cuando digas: "Estoy muy ocupado", "Tengo muchas cosas que hacer" "No tengo ganas", pero sientas una inquietud de ir a la iglesia, orar y leer su Palabra, es la voz de nuestro Padre que te invita a sus negocios de justicia y paz. Es el momento de dejar todo a un lado y correr a su encuentro, porque en los negocios de tu Padre te es necesario estar. Habrá sin duda una Palabra de bendición para tu vida y refrigerio para tu alma sedienta.

Involúcrate más en los negocios de tu Padre, el Gran Ejecutivo Celestial, nuestro Dios. Regocijémonos de ser parte de la exitosa compañía del Reino. Aumentemos nuestras acciones en ella. Invirtamos tiempo, asociándonos con Dios como nuestro jefe. Con Él nunca pierdes; ganas una vida abundante y eterna.

Meditad: Dios tiene un lugar para ti en sus negocios de verdad, justicia y bien.

Alabadle:" La casa de Dios" interpretada por Danilo Montero de la producción *Cantaré de tu Amor* (2001).

Escrito está:

Dayanara

Juan 12:26 / Reina-Valera 1960 (RVR1960)
"Si alguno me sirve, sígame; y donde yo estuviere, allí también estará mi servidor. Si alguno me sirviere, mi Padre le honrará."

Hebreos 10:25 / Nueva Versión Internacional (NVI)
"No dejemos de congregarnos, como acostumbran hacerlo algunos, sino animémonos unos a otros, y con mayor razón ahora que vemos que aquel día se acerca."

Romanos 12:11 / Nueva Versión Internacional (NVI)
"Nunca dejen de ser diligentes; antes bien, sirvan al Señor con el fervor que da el Espíritu."

Roca Eterna

Isaías 26:4 / Nueva Versión Internacional (NVI)
"Confíen en el Señor para siempre,
porque el Señor es una Roca eterna."

Hoy en la mañana me levanté con un mensaje en mi mente. La llave o la clave está en la Roca. En la llave o clave de nuestra vida, conquistaremos el mal.

La Roca Eterna es Dios. Él es la clave de nuestras victorias, el fundamento sólido de nuestra fe. Es la llave que abre la puerta de nuestro corazón y permanece inamovible. Él es la clave ante cualquier circunstancia o situación, el único que hará la obra, en el que debemos poner nuestra total y absoluta confianza ante cualquier adversidad.

Él es Dios. Él debe ser nuestra base y el fundamento de nuestra fe. Somos como una obra en construcción que necesita el cuidado de su Creador. Cuando le reconocemos y nos quebrantamos a sus pies, Él nos forma desde la Roca de su salvación. Su regalo de gracia nos transforma. Nuestro fundamento ya no es la arena que el viento mueve a su antojo y el mar erosiona, es la Roca Eterna de su cuidado y protección que se solidifica cada vez más en nuestras vidas si construimos la obra de nuestra vida con la guía de su Espíritu. Miremos de qué está hecho nuestro fundamento. Reflexionemos en la obra de nuestra vida y pidámosle a Dios reforzar los puntos débiles de nuestra construcción.

Hermanos, el llamado es a solidificar nuestra base o fundamento de fe y el de nuestra familia. Reforcemos nuestra obra de acuerdo con su voluntad y conquistaremos con Dios cualquier circunstancia. No habrá viento, ni ola que derrumbe la morada de Dios en nuestro corazón porque la Roca Eterna sostiene nuestros pies.

Meditad: Dios es nuestra roca y fundamento.

Alabadle: "Con mi Dios" interpretada por Jesús Adrián Romero de la producción *Unidos por la Cruz* (1996).

Escrito está:

Romanos 8:31 / Reina-Valera 1960 (RVR1960)
"¿Qué, pues, diremos a esto? Si Dios es por nosotros, ¿quién contra nosotros?"

Corintios 3:10-11 / Reina-Valera 1960 (RVR1960)
"Conforme a la gracia de Dios que me ha sido dada, yo como perito arquitecto puse el fundamento, y otro edifica encima; pero cada uno mire cómo sobreedifica.
Porque nadie puede poner otro fundamento que el que está puesto, el cual es Jesucristo."

1 Pedro 2:7-9 / Reina-Valera 1960 (RVR1960)
"Para vosotros, pues, los que creéis, él es precioso; pero para los que no creen,
La piedra que los edificadores desecharon, Ha venido a ser la cabeza del ángulo."

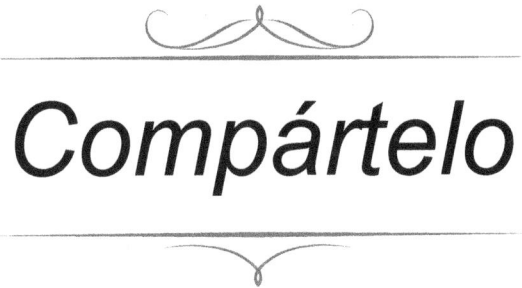

Compártelo

Mentes abiertas

1 Pedro 4:16 / Reina-Valera 1960 (RVR1960)
"pero si alguno padece como cristiano, no se avergüence, sino glorifique a Dios por ello."

En ocasiones, he evadido o evitado hablar de mis creencias; no por vergüenza, sino por temor. Los cristianos son señalados, perseguidos y juzgados. Nos dicen intolerantes, ignorantes y religiosos. El solo hecho de expresar nuestra opinión es sinónimo de rechazo. Llega el momento del cansancio, pero debemos hablar con sabiduría.

No es tiempo de callarnos, evitar y cohibirnos. Nuestra opinión debe ser respetada al igual que otras. Si se habla de respeto y de mentes abiertas, no podemos hablar de Cristo con el mismo respeto y recibirlo con la misma mentalidad. La realidad es que, en este mundo, mente abierta es ver todo aquello que es malo como bueno. Libertad es sinónimo de libertinaje y libre expresión, un permiso para el insulto y la mofa.

Jesús nos advirtió que en este mundo seríamos perseguidos, señalados y burlados, porque ya no somos parte de este mundo. Él nos redimió, abrió nuestros ojos a la verdad y nos mostró nuestro verdadero hogar. Nos mostró con sus enseñanzas, la verdad y la justicia. Nos enseñó el amar sin reservas y a confiar en nuestro Padre Eterno.

Nuestra opinión y decisión de seguirle y predicar el evangelio a toda criatura no tiene recompensa en este mundo en el que vivimos, sino en el tesoro de ser recibido en su Reino. Nuestra misión es una misión de amor, por aquel que nos amó primero (1 Juan 4:19). No podemos callar su amor, ni el gozo en nuestro ser, ni la obra que ha hecho en nuestras vidas.

En esta era que todo se vuelve una creencia y la fe es ciega, debemos ser esa luz que alumbre tan tenebrosa tiniebla. Debemos ser la esperanza que radica en nuestro Dios.

Te tildarán de ignorante, de religioso, serás señalado y tal vez perseguido, pero jamás te avergüences de Dios. Pues es preferible ser rechazado por el mundo y aceptado por Dios, que ser rechazado por Dios y aceptado por el mundo.

Meditad: Dios tiene toda la gloria.

Alabadle: "Nunca me avergonzaré" interpretada por Redimi2 junto a Daniela Barroso de la producción *Operación Mundial* (2014).

Escrito está:

Colosenses 3:2 / Reina-Valera 1960 (RVR1960)
"Poned la mira en las cosas de arriba, no en las de la tierra."

Santiago 3:13 / Nueva Versión Internacional (NVI)
Dos clases de sabiduría
"¿Quién es sabio y entendido entre ustedes? Que lo demuestre con su buena conducta, mediante obras hechas con la humildad que le da su sabiduría."

2 Corintios 12:10 / Reina-Valera 1960 (RVR1960)
"Por lo cual, por amor a Cristo me gozo en las debilidades, en afrentas, en necesidades, en persecuciones, en angustias; porque cuando soy débil, entonces soy fuerte."

En sintonía

*Marcos 1:35 / Reina-Valera 1960 (RVR1960)
"Levantándose muy de mañana, siendo aún muy oscuro, salió y se fue a un lugar desierto, y allí oraba."*

Las radios antiguas, a diferencia de los digitales, tenían una perilla que al girarla ayudaba a encontrar la emisora que se quería escuchar. En ocasiones, se dificultaba obtener la sintonía exacta para escuchar sin estática las voces o la música. Se debía girar la perilla con precisión hasta alcanzar el punto de sintonía perfecta. Los que llegamos a usar ese tipo de radio, experimentamos el alivio que se sentía el no escuchar el molesto sonido producido por la estática.

Como cristianos, anhelamos estar en sintonía perfecta con nuestro Padre Celestial. Deseamos sentir su presencia en todo momento. Queremos esa sintonía perfecta con lo eterno, pero en nuestro estado en este mundo, no estamos libres de estática. ¿Es posible estar libres de estática? Sí, es posible. Todo es posible con Cristo.

Sintonizando nuestro corazón es posible con el regalo de la gracia. Cuando le aceptamos, buscamos, conocemos y centramos nuestra vida en Él, Dios va borrando, sacando del medio toda estática y sonido estridente para que podamos escuchar su armoniosa voz.

Reafirmamos nuestra confianza en Él, en Su Palabra que nos dice que nada nos separa de Su amor, que nunca nos abandonará y que Él nos ayudará. Cuando tenemos certeza del poder que ha vencido al mundo, no temerá nuestro corazón, pues Él es nuestro refugio, es quien pelea por nosotros. Nos libramos en ese momento de toda estática.

Declaremos a viva voz su Palabra, vivamos en acción al igual que Jesús, el Verbo, clamando sanidad, fortaleza y paz, pues es nuestro sanador, roca fuerte y descanso eterno. El Dios que te oye, escucha todo aquello que pidieres en confianza al Señor, se hará según su voluntad. Este clamor se grabará en tu mente y corazón. El Dios que nunca cambia, te bendecirá a ti y a tu casa, porque has puesto tu confianza en Él y Él es tu confianza. Ese día, serás verbo (activo en fe) y estarás en perfecta sintonía con el Eterno.

Meditad: Dios es mi confianza.

Alabadle: "Tu presencia es el cielo" interpretada por Israel Houghton & New Breed de la producción *Jesús es el Centro* (2013).

Escrito está:

Romanos 12:02 / Nueva Versión Internacional (NVI)
"No se amolden al mundo actual, sino sean transformados mediante la renovación de su mente. Así podrán comprobar cuál es la voluntad de Dios, buena, agradable y perfecta."

2 Timoteo 2:15 / Nueva Versión Internacional (NVI)
"Esfuérzate por presentarte a Dios aprobado, como obrero que no tiene de qué avergonzarse y que interpreta rectamente la palabra de verdad."

Santiago 1:22-23 / Reina-Valera 1960 (RVR1960)
"Pero sed hacedores de la palabra, y no tan solamente oidores, engañándoos a vosotros mismos.
Porque si alguno es oidor de la palabra, pero no hacedor de ella, éste es semejante al hombre que considera en un espejo su rostro natural."

Antes reclamaba

Hebreos 10:24-25 /
Nueva Versión Internacional (NVI)
"Preocupémonos los unos por los otros, a fin de estimularnos al amor y a las buenas obras. No dejemos de congregarnos, como acostumbran a hacerlo algunos, sino animémonos unos a otros, y con mayor razón ahora que vemos que aquel día se acerca."

Escuchar "Cristo viene pronto, arrepiéntete", antes me llenaba de temor. No quería que ocurriera. Pensaba que algún día iba a pasar, para nada añoraba ese día. Tenía temor porque no estaba preparada, porque no había escogido a Cristo como mi Salvador, porque no había puesto a Dios por encima de mi "yo". Un día, Dios cambió toda mi perspectiva de ese glorioso día, recordándome que aún faltaban almas para salvación.

Hay otros que le reclaman, "¿Por qué ese día tendría que ser? ¿Por qué hay tanta gente buena que va a perderse y morir?" Reclaman y dicen que no es justo.

Muchos otros vociferan que esto no va a ocurrir, que llevamos siglos diciendo, pregonando que Cristo viene y nada. Que Él ya está o estuvo con nosotros, que este mundo es lo que nos tocó vivir y es lo único que tenemos. No tienen esperanza.

Para los que creemos, que hemos permitido que Cristo transforme nuestras vidas, esa etapa de rebeldía y negociación está en el pasado. Nuestro amor por Jesús, por Dios crece cada día más a medida que más le buscamos y le conocemos. Nuestro amor crece cada día más a medida que nos dejamos moldear por el alfarero, al visitar el taller del maestro y al buscar refugio como las ovejas con su Pastor. Ya no tememos ese día, lo añoramos en los momentos difíciles, queremos y anhelamos más de Su presencia. Le pedimos a Jesús que venga pronto, porque sabemos lo que esto conlleva para aquellos que hemos creído. Queremos tenerle cerca, anhelamos su amor.

Sabemos que allá en el cielo, ya no habrá más llanto, no habrá más dolor. Podremos palpar, respirar y sentir su gran amor.

Jesús está preparando los atrios de su reino. ¿Quieres ser su invitado especial?

¡Qué gozo ver vidas transformadas y convencidas de su amor! ¡Hay fiesta en el cielo! Acerca a tus hermanos a Cristo, ora por su salvación, que Él viene pronto.

Meditad: Dios, nuestro Señor, volverá pronto a buscarnos.

Alabadle: "Vuelve otra vez" interpretada por Bani Muñoz junto a Viris Muñoz, Marcela Gándara, Julio Melgar de la producción *Vuelve otra vez* (2016).

Escrito está:

Apocalipsis 21:1-8 / Reina-Valera 1960 (RVR1960)
"Vi un cielo nuevo y una tierra nueva; porque el primer cielo y la primera tierra pasaron, y el mar ya no existía más.
Y yo, Juan, vi la santa ciudad, la nueva Jerusalén, descender del cielo, de Dios, dispuesta como una esposa ataviada para su marido.

Y oí una gran voz del cielo que decía: He aquí el tabernáculo de Dios con los hombres, y él morará con ellos; y ellos serán su pueblo, y Dios mismo estará con ellos como su Dios.

Enjugará Dios toda lágrima de los ojos de ellos; y ya no habrá muerte, ni habrá más llanto, ni clamor, ni dolor; porque las primeras cosas pasaron.

Y el que estaba sentado en el trono dijo: He aquí, yo hago nuevas todas las cosas. Y me dijo: Escribe; porque estas palabras son fieles y verdaderas.

Y me dijo: Hecho está. Yo soy el Alfa y la Omega, el principio y el fin. Al que tuviere sed, yo le daré gratuitamente de la fuente del agua de la vida.

El que venciere heredará todas las cosas, y yo seré su Dios, y él será mi hijo.

Pero los cobardes e incrédulos, los abominables y homicidas, los fornicarios y hechiceros, los idólatras y todos los mentirosos tendrán su parte en el lago que arde con fuego y azufre, que es la muerte segunda."

El mejor trabajo

Juan 12:26 / Reina-Valera 1960 (RVR1960)
"Si alguno me sirve, sígame; y donde yo estuviere, allí también estará mi servidor. Si alguno me sirviere, mi Padre le honrará."

"Trabajar y orar en la viña, en la viña del Señor; Mi anhelo es orar y ocupado siempre estar en la viña, en la viña del Señor" Fragmento coro: "Anhelo trabajar para el Señor"

¿Cuán ciertas son las palabras de esta alabanza? Leía en esta mañana que no hay mejor trabajo que salvar almas para Cristo. Nunca en mi más remota imaginación hubiese pensado que anhelaría servir al Señor, tenerlo como mi jefe.

No hay decisiones fáciles en el mundo en que vivimos donde la crisis económica es frase que viene de boca en boca. Pero tener la oportunidad de hacer como Pedro, dejar las redes y seguirle, sin lugar a duda es más que una bendición.

Es el propósito de todos, el servirle, aunque no todos lo hacemos de igual forma. Dios nos otorgó diferentes capacidades, talentos y dones para trabajar con diversas personas en diversos lugares. Nuestra gran comisión dada por Cristo es que toda persona tenga la oportunidad de salvarse y conocer de Jesús, el Redentor de las almas.

Muchos sirven en el escenario de su trabajo, otros con su servicio en la iglesia, otros con su testimonio en las calles. Yo en mi casa con bolígrafo en mano.

Dejar las pesadas redes como Pedro para muchos no ha sido fácil, incluyéndome. El confiar con todo nuestro ser, no es algo que nos enseñan; pero cada día que le busques, esa fe irá creciendo porque al conocerle, no te queda más que amarle.

Busquemos servirle al Señor esta mañana, en este día, donde quiera que estés. Él es el mejor de los jefes y es el más noble trabajo. Nacemos para servirle y glorificar su Santo nombre. Sirvamos al Señor hasta el final de nuestros días, ganemos almas para el Señor que nos acompañen en el cielo.

Dayanara

Meditad: Dios es mi amado jefe.

Alabanza: "Anhelo trabajar para el Señor"- himno #259 del libro, *Himnos de la vida cristiana* (1967) Christian Publications, Inc.

Escrito está:

1 Corintios 15:58 / Reina-Valera 1960 (RVR1960)
"Así que, hermanos míos amados, estad firmes y constantes, creciendo en la obra del Señor siempre, sabiendo que vuestro trabajo en el Señor no es en vano."

Romanos 12:11 / Reina-Valera 1960 (RVR1960)
"En lo que requiere diligencia, no perezosos; fervientes en espíritu, sirviendo al Señor."

Mateo 24:14 / Reina-Valera 1960 (RVR1960)
"Y será predicado este evangelio del reino en todo el mundo, para testimonio a todas las naciones; y entonces vendrá el fin."

Más que un seguidor

Romanos 12:11/ Reina-Valera 1960 (RVR1960) "Nunca dejen de ser diligentes, antes bien, sirvan al Señor con el fervor que da el Espíritu¨.

En los últimos años, los artistas o cantantes reconocidos nombran a sus seguidores de manera específica, formando como una especie de club de fanáticos. Por ejemplo, tenemos los "directioners" del grupo "One Direction", los "lovatics" de "Demi Lovato", "daydreamers" de Adele. Aún en los deportes se da esta tendencia, como los seguidores de los "Red Sox" en el baseball que se les conoce como "Red Sox Nation".

A los seguidores de Jesús también los nombran de distintiva manera. Les dicen fanáticos religiosos, fundamentalistas o simplemente cristianos. Aunque no pertenecemos solo a una denominación, generalizan y aglomeran a todos sus seguidores llamándonos despectivamente religiosos, con tan solo tener la osadía de mencionar el nombre de Jesús. Para los que mencionamos su nombre con amor, ser cristiano es mucho más que pertenecer a un club selecto de personas que siguen a Jesús. Sí, debemos ser sus seguidores y admirarlo. Sin embargo, ser cristiano es más que decirlo, es vivirlo.

Ser cristiano es ser un servidor, un siervo, no parte de la servidumbre remunerada o esclavos obligados. Servimos con amor correspondiendo a su amor. Hay muchos que se denominan cristianos solo porque creen en Jesús, pero no viven conforme a su Palabra, no le sirven. Estos terminan siendo fanáticos, simpatizantes de lo que es ser un cristiano, pero no conocen realmente a Jesús. No leen su Palabra, no tienen una relación con Dios, no comparten su sabiduría, ni visitan la iglesia, su casa. Por lo tanto, esos "seguidores" no actúan como Cristo, no modelan a Cristo y gracias a esto, somos juzgados todos por igual.

En el otro extremo, existen también los cristianos que hacen todo lo anteriormente dicho. Estos leen su Palabra, ayunan, oran diariamente y no faltan a la iglesia. Para éstos, ser cristiano es un deber para ser salvo, su corazón no está comprometido con Dios y no tienen una relación con Él. Se sienten llamados a señalar la paja del ojo del hermano, "porque no hacen lo que yo hago". No conocen realmente a Dios; son seguidores, pero no servidores.

Dios no es un deber. Ser cristiano no es estar en un club. Jesús busca más que nuestras obras. Jesús busca más que nuestra admiración. Él busca que le amemos y amemos a nuestro prójimo. Busca nuestra entrega total y absoluta.

Él quiere que le sirvamos porque hemos aprendido a conocerle y le amamos como Él a nosotros en gran manera. Él pondrá propósito en nuestro corazón y nos dirá cómo servirle mejor. Defendamos nuestra fe, mostrando su amor al mundo. Seamos de olor grato a Dios, amando, ayudando, compartiendo su luz. Sirvamos.

Meditad: Dios quiere más que seguidores, quiere entrega y servicio.

Alabadle: "Seguirte" interpretado por Christine D'Clario junto a Marcos Barrientos de la producción *Más Profundo* (2013).

Dayanara

Escrito está:

Santiago 1:22 / Reina-Valera 1960 (RVR1960)
"Pero sed hacedores de la palabra, y no tan solamente oidores, engañándoos a vosotros mismos."

Mateo 9:37-38 / Reina-Valera 1960 (RVR1960)
"Entonces dijo a sus discípulos: A la verdad la mies es mucha, mas los obreros pocos. Rogad, pues, al Señor de la mies, que envíe obreros a su mies."

Deuteronomio 13:4 / Nueva Versión Internacional (NVI)
"Solamente al Señor tu Dios debes seguir y rendir culto. Cumple sus mandamientos y obedécelo; sírvele y permanece fiel a él."

Testimonio

Salmos 9:1 / Nueva Traducción Viviente (NTV)
"Te alabaré, Señor, con todo mi corazón;
contaré de las cosas maravillosas que
has hecho."

¿*Recuerdas qué cuidados ha tenido Dios para contigo? ¿Atesoras cada momento que sin merecerlo te demostró su fidelidad e inmenso amor? ¿Recuerdas cuándo derramó sobre ti su gracia, su perdón y su Espíritu?*

En los momentos de mayor necesidad, esos recuerdos te llenarán de esperanza. El saber que contigo estuvo y está es refrigerio para el alma. Suelo escribir sus palabras para guardar en los canales de mi mente y corazón su verdad. Cuando Dios contestó mis oraciones, cuando me sanó y ayudó, su fidelidad me llenó de gozo y si guardas también estos momentos, su fidelidad te llenará de confianza y en medio de la incertidumbre del dolor, le alabarás. Si en el pasado estuvo contigo y te dio la victoria, regocíjate porque en este momento presente está contigo y la victoria siempre está en Él.

Quiero compartir uno de estos momentos que sentí su presencia y cuidado. Estaba en mi iglesia, escuchando una predicación donde hablaban acerca de la creación; donde en medio del desorden, caos y desolación, el Espíritu de Dios se paseaba poniendo orden en donde no lo había antes. El predicador decía que Dios ponía orden y que debíamos confiar en Él. En esos momentos, mi vida estaba en desorden. Había dejado mi trabajo y mis compañeros para encaminarme a una aventura que Dios me había propuesto para la cual no me sentía preparada. Sentía tristeza por lo que había dejado atrás. Quería dejar mis cargas en el altar, que Dios pusiera orden en mi vida de nuevo y me mostrara el camino a seguir.

Pasé al frente. Mi carga era pesada y oprimía mi corazón. Quería dejarlo todo en ese altar. En aquel momento, una hermana pasó al frente y oró por mí. Al finalizar, con lágrimas en mis ojos me senté. Aún no sentía alivio a mi dolor. Sentí que no había dejado totalmente mi carga en el altar. Deseaba quedarme en el altar hasta que me vaciara en llanto, pero ya la oración había terminado. En mi asiento lloraba, porque pensaba que había perdido una oportunidad. No quería ofender a Dios, ni a la persona que había orado por mí, pero aun sentía esa necesidad de soltar mi carga. En secreto, conversaba con Dios, "Si tuviera la oportunidad de regresar al altar lo haría. Si quisieras, me darías una doble porción".

La oportunidad se perdió, el culto terminó y las personas habían salido de la iglesia. El predicador estaba despidiéndose y me acerqué a despedirme. Me miró a los ojos y de la nada, me contó un relato. Era sobre un hombre que caminaba sin mirar el camino; solo miraba su carga pesada. Pidió a Dios que se la quitara y abriera sus ojos. Cuando Dios abrió sus ojos, vio que estaba parado en la parte trasera de un camión conducido por Dios, aun llevando su carga porque no había visto el obrar de Dios en su vida. En ese instante, comencé a llorar, desconcertada por lo que me había dicho ese hombre. Él al verme, me dijo: "¿Quieres darme la oportunidad de volver al altar para orar por ti?" Recibí mi doble porción de bendición.

Dios me liberó de mis cargas ese día; tuvo cuidado de mí. También tiene cuidado de ti. Atesora y comparte tus victorias.

Meditad: Dios tiene un cuidado especial para sus hijos.

Alabadle: "Dios cuida de mi" interpretada por Danny Berríos de la producción *Dios Cuida de Mí* (2000).

Escrito está:

Salmos 16:1 / Nueva Versión Internacional (NVI).
"Cuídame, oh Dios, porque en ti busco refugio."

Mateo 10:30-31 / Reina-Valera 1960 (RVR1960)
"Pues aún vuestros cabellos están todos contados. Así que, no temáis; más valéis vosotros que muchos pajarillos."

Salmos 103:13-14 / Reina-Valera 1960 (RVR1960)
"Como el padre se compadece de los hijos,
Se compadece Jehová de los que le temen.
Porque él conoce nuestra condición;
"Se acuerda de que somos polvo."

Saber y conocer de Dios

Jeremías 9:23-24 / Reina Valera 1960 (RVR1960)
"Así dijo Jehová: No se alabe el sabio en su sabiduría, ni en su valentía se alabe el valiente, ni el rico se alabe en sus riquezas. Mas alábese en esto el que se hubiere de alabar: en entenderme y conocerme, que yo soy Jehová, que hago misericordia, juicio y justicia en la tierra; porque estas cosas quiero, dice Jehová."

Hemos aprendido que una vez comenzamos a conocer a Dios, Él nos prepara para:

- Predicar la buena nueva de salvación
- Ser la sal del mundo y luz para otros
- Dar testimonio de nuestro encuentro con Jesús y la transformación que éste ha hecho en nuestras vidas.

Realmente no es una serie de cosas que debemos hacer, como está aquí escrito. No es ley, ni religión, sino amor. Sentimos hacer todo esto por amor. Como cristianos enamorados de nuestro Dios deseamos agradarle, servirle. Queremos y debemos obedecerle, llevando su Palabra a toda criatura. Su anhelo se convierte en nuestro anhelo, el que otros conozcan de cuán grande es su amor por nosotros.

Con esa encomienda en nuestro caminar muchas veces nos topamos con terreno fértil, personas ávidas de conocer de Jesús y que están dispuestas a dejarle entrar en su corazón y seguirle. Otras veces nos topamos con rocas, gente que no les importa nada que tenga que ver con Dios y les molesta el mero hecho de escuchar su nombre. En otras ocasiones nos topamos con personas que saben de la Palabra, que alguna vez le conocieron. Éstas nos repiten de memoria las escrituras, saben del evangelio, de la oración y de la alabanza, pero no viven en adoración. Ya no viven en, ni con Dios. Por alguna circunstancia se han apartado. Me preguntaba, ¿Por qué después de conocerte se alejan? Dios contestó a mi mente y corazón:

"Saben de mí, pero no me conocen. Saben quién soy, saben que YO SOY, pero situaciones de la vida, la vergüenza, la culpa, el dolor... los han alejado de mí. Los quiero conmigo. Si los pongo en tu camino, da testimonio. Conversa de mí, de mi grandeza y poder, de mi misericordia. No temas. El Espíritu te dará palabra. Aprenderás, enseñarás y mostrarás que soy mucho más de lo que creen. Saber de mí, no te hace conocedor de mí. Tener una relación conmigo te muestra quien soy. Si eres mi amigo, me conoces. Los que saben, solo saben. No echan raíces, no dan fruto. De los que me conocen será el reino, éstos darán fruto. Yo los haré prosperar para que su sol se esparza, su luz ilumine como el sol la oscuridad y sus ramas alcancen las almas. Hay mucho trabajo en mi viña, más obreros me faltan."

Dios nos llama a trabajar para Él, a servirle a nuestro Rey. Comparte lo que conoces. Su mensaje es uno simple, pero de un complejo y poderoso sacrificio. Dios tenía un plan para salvarnos. Su plan conllevaba el sacrificio de su Hijo para el perdón de nuestros pecados. Él murió por nosotros. Somos redimidos y libres por su sacrificio. Jesús venció la muerte y ahora nos prepara sus atrios. No es con intelecto, es con la sabiduría que viene del Padre que le conocemos.

Nuestro intelecto solo nos lleva al ABC del evangelio. El buscar su sabiduría nos lleva a ser sus amigos.

Meditad: Dios quiere que te des la oportunidad de conocerle realmente.

Alabadle: "Por siempre" interpretada por Evan Craft junto a Ingrid Rosario de la producción *Sesión Orgánica: Parte 1* (2015).

Escrito está:

1 Juan 4:6-7/ Nueva Versión Internacional (NVI)
"Nosotros somos de Dios, y todo el que conoce a Dios nos escucha; pero el que no es de Dios no nos escucha. Así distinguimos entre el Espíritu de la verdad y el espíritu del engaño.
Queridos hermanos, amémonos los unos a los otros, porque el amor viene de Dios, y todo el que ama ha nacido de él y lo conoce."

Juan 17:3 / Nueva Versión Internacional (NVI)
"Y esta es la vida eterna: que te conozcan a ti, el único Dios verdadero, y a Jesucristo, a quien tú has enviado."

1 Timoteo 2:3-4 / Nueva Versión Internacional (NVI)
"Esto es bueno y agradable a Dios nuestro Salvador, pues él quiere que todos sean salvos y lleguen a conocer la verdad."

Su propósito en mí

Job 42:2 / La Biblia de las Américas (LBLA)
"Yo sé que tú puedes hacer todas las cosas, y que ningún propósito tuyo puede ser estorbado."

No hay lugar a dudas; Dios tiene un plan para nuestras vidas. Podemos creer que no podemos, decir que no tenemos la capacidad, ni la fortaleza para cumplir con sus propósitos, ni siquiera para seguirle. Ciertamente no nos merecemos sus propósitos de bien, pero a Él le place obrar en nosotros y a través de nosotros porque nos ama.

Cuando ponemos excusas, dudamos de su gracia y poder. Es en ese momento, en el que nuestra boca se llena de excusas, que debemos declarar nuestras victorias: ¿De dónde nos sacó Dios? ¿Cuándo comenzó a obrar en nuestras vidas? ¿Cuándo su gracia nos alcanzó? Si aún no le conoces y estás leyendo esto, no es casualidad y su gracia está llegando a tu corazón también.

Diario de un Creyente

Si recordamos dónde nos alcanzó su gracia, si reflexionamos dónde estamos parados, nos daremos cuenta de que hemos cambiado y que somos nuevas criaturas en Cristo con el propósito de ser conducidos hacia Él. Nuestro propósito es glorificarle. Él nos capacitará y dará los recursos para servirle, siendo bendecidos a su vez. Estamos siendo transformados y nos resta camino por recorrer. Aún no ha terminado su obra.

Al reflexionar en su Palabra, abrimos nuestros ojos a cuando nos creíamos nada, ni nadie para merecerle, mientras Él nos veía con otros ojos. Veía cómo iba a utilizarnos para su gloria, nuestra bendición y la de otros. Nos ve con ojos de gracia y misericordia con sus ojos de eterna grandeza. Él mira nuestro potencial; eres el carbón que en sus manos se convertirá en diamante, el barro en manos del alfarero. En Él, ya no buscaremos quiénes somos con nuestro diccionario, ya no nos calificaremos con nuestros adjetivos. Seremos definidos por Él y para Él. Sus adjetivos son mucho mejores que los nuestros porque Él ve más allá de lo que nuestros ojos pueden ver. Déjate moldear. Pide a Dios que te guie para servirle, agradarle y cumplir con sus divinos propósitos.

Meditad: Dios tiene un propósito de bien para nuestras vidas.

Alabadle: "Tu propósito" de Nancy Amancio de la producción *Impactando las naciones* (2007)

Escrito está:

Éxodo 9:16 / Reina-Valera 1960 (RVR1960)
"Y a la verdad yo te he puesto para mostrar en ti mi poder, y para que mi nombre sea anunciado en toda la tierra."

Filipenses 2:12-13 / Reina-Valera 1960 (RVR1960)
"Por tanto, amados míos, como siempre habéis obedecido, no como en mi presencia solamente, sino mucho más ahora en mi ausencia, ocupaos en vuestra salvación con temor y temblor, porque Dios es el que en vosotros produce así el querer como el hacer, por su buena voluntad."

2 Timoteo 1:9 / Reina-Valera 1960 (RVR1960)
"…quien nos salvó y llamó con llamamiento santo, no conforme a nuestras obras, sino según el propósito suyo y la gracia que nos fue dada en Cristo Jesús antes de los tiempos de los siglos."

Semillas de amor

1 Corintios 3:6 /
Nueva Versión Internacional (NVI)
"Yo sembré, Apolos regó, pero Dios ha dado el crecimiento."

Cuando reflexionamos en su Palabra, es como meditar en nuestro interior. Cada uno de nosotros tiene un propósito que nos es revelado. No nacemos por azar; tenemos trabajo que hacer en nuestro interior y luego para otros. Cada cual tiene una función en esta obra que se llama vida.

Hay quienes están llamados a sembrar, otros a arar, otros a cuidar, a podar y cosechar. Dios puso en mí el talento de la palabra escrita; Él con su Santo Espíritu me capacitó para ello. Me tomó tiempo aceptar esta encomienda, pero entiendo que me llamó como mensajera de su Palabra a través de las letras. Todo fue y es obra de Él. En el huerto, sería como quien siembra. Hay muchos que hemos sido llamados a sembrar la semilla de la fe, ayudando al Señor en su obra, para que ésta de fruto.

Hay quienes son llamados a cuidar de esa semilla. Sabemos que el trabajo total lo hace el Espíritu, pero somos llamados a colaborar y a no poner piedras en terreno fértil. No debemos solo sembrar la semilla de fe, sino velar que demos testimonio para que esa semilla del Creador permanezca. Cada cual tiene una función en la viña de nuestro Señor. Medita y pide al Señor que te prepare para dar fruto y servirle.

No vinimos a este mundo solo a recibir bendición. Permitámonos conocer más a Dios cada día y que en nuestra relación personal nos capacite, para que salgamos gozosos a compartir a ese Dios que hizo morada en nuestro interior. Dejemos salir su reflejo para ganar vidas para Cristo.

Se siente bien recibir su bendición y pertenecer a Cristo, pero se siente mejor aún obedecer a Dios y cumplir con su Palabra. Demos fruto. Sembremos semillas de amor.

Meditad: Dios se goza del que siembra y riega.

Alabadle: "Semilla de amor" interpretada por Obed Santana y Voces Unidas (varios artistas) de la producción *Semilla de Amor* (2015)

Escrito está:

Juan 4:35-38 / Nueva Traducción Viviente (NTV)
"Ustedes conocen el dicho: "Hay cuatro meses entre la siembra y la cosecha", pero yo les digo: despierten y miren a su alrededor, los campos ya están listos para la cosecha.
A los segadores se les paga un buen salario, y los frutos que cosechan son personas que pasan a tener la vida eterna. ¡Qué alegría le espera tanto al que siembra como al que cosecha!
Ya saben el dicho: "Uno siembra y otro cosecha", y es cierto.
Yo los envié a ustedes a cosechar donde no sembraron; otros ya habían hecho el trabajo, y ahora a ustedes les toca levantar la cosecha."

Salmos 85:12 / Nueva Traducción Viviente (NTV)
"Sí, el Señor derrama sus bendiciones,
y nuestra tierra dará una abundante cosecha."

Mateo 13:31-32 / Reina-Valera 1960 (RVR1960)
"Otra parábola les refirió, diciendo: El reino de los cielos es semejante al grano de mostaza, que un hombre tomó y sembró en su campo;
el cual a la verdad es la más pequeña de todas las semillas; pero cuando ha crecido, es la mayor de las hortalizas, y se hace árbol, de tal manera que vienen las aves del cielo y hacen nidos en sus ramas."

Cesa el fuego

Juan 13:35 / Nueva Versión Internacional (NVI)
"De este modo todos sabrán que son mis discípulos, si se aman los unos a los otros."

Alguna vez escuché que los cristianos no son perfectos, son perdonados. Creamos un imperio de amor. No ganaremos la carrera señalando, juzgando y comparando. Los cristianos debemos unirnos porque tenemos un enemigo en común que venceremos con el amor de Dios, viviendo en humildad y amándonos incondicionalmente. Nuestro enemigo es ciertamente peligroso, pero no más que Él que nos redimió.

Cuando atacamos y señalamos a otros por sus creencias y sus errores, a Dios lo hacemos, porque no sabemos la obra que Dios está haciendo en esa vida. Podemos alejar a esa persona de su verdad, ser piedra de tropiezo para esa vida que Dios quiere. Cesa el fuego de Dios cuando no le sirves en obediencia, cuando atacas a tus hermanos y creación. Al juzgar, alejamos a las personas del amor de Dios, no demostramos lo que Él hizo en nuestras vidas, y no somos testimonio vivo de la obra maravillosa que ha hecho en nosotros.

Solo atraemos almas a Cristo mostrando su amor, unidos en un solo cuerpo en Él y centrando cada acto de amor y bondad en el único y poderoso Dios. Es así que salvamos almas, es así que cumplimos nuestro llamado de evangelizar. Compartamos las bendiciones que Él y solo Él puede dar. Que cese el fuego de la discordia y llenémonos del fuego de su Espíritu en amor.

Meditad: Dios es amor, demuéstralo.

Alabadle: "Juntos venceremos" interpretada por Danny Berríos de la producción *Lo mejor de Danny Berríos Vol. 1* (2014).

Escrito está:

1 Corintios 12:14 / Nueva Versión Internacional (NVI) "Ahora bien, el cuerpo no consta de un solo miembro, sino de muchos."

Filipenses 2:1-3 / Reina-Valera 1960 (RVR1960)
"Por tanto, si hay alguna consolación en Cristo, si algún consuelo de amor, si alguna comunión del Espíritu, si algún afecto entrañable, si alguna misericordia,
completad mi gozo, sintiendo lo mismo, teniendo el mismo amor, unánimes, sintiendo una misma cosa. Nada hagáis por contienda o por vanagloria; antes bien con humildad, estimando cada uno a los demás como superiores a él mismo"

1 Juan 4:12 / Reina-Valera 1960 (RVR1960)
"Nadie ha visto jamás a Dios. Si nos amamos unos a otros, Dios permanece en nosotros, y su amor se ha perfeccionado en nosotros."

Muestra a Cristo

Hechos 13:47-49 /
Nueva Versión Internacional (NVI)
"Así nos lo ha mandado el Señor:
Te he puesto por luz para las naciones,
a fin de que lleves mi salvación hasta los
confines de la tierra."

Mientras el mundo más rechace a Dios y su verdad, más muestras de fe y amor tenemos. Vemos cada vez más las noticias que no le dan importancia los noticieros, pero que refuerzan aquello que quieren ocultar. Que cada día hay más personas fijando su mirada en Dios. Vemos a Dios obrando en Venezuela con provisión, gente alabando en las calles aún en su necesidad y en medio de la opresión. Peces multiplicándose en las orillas, países abriendo sus fronteras en amor y hermandad. En Medio Oriente en el sufrimiento de los conflictos bélicos, Jesús se aparece en sueños a las personas, mostrándole su compañía y consuelo.

Biblias están llegando a países donde está prohibido servirle. Grupos de personas están orando en sus casas ocultos, perseguidos por seguir a Cristo, pero gozosos por tenerle. Atletas en las Olimpiadas están proclamando su confianza en Dios. Dios nos dijo que nunca nos abandonaría. Hay promesa en su Palabra, la cual vemos como se cumple en nuestras vidas y en la de otros.

Muchos ojos están viendo y miradas volteando hacia los Hijos de Dios, anhelando participar de la bendición, de pertenecer a la familia de Dios debido a nuestro testimonio.

Muestra a Cristo no seas un cristiano oculto, con temor de mostrar su fe porque no quiere herir sensibilidades. No hieres sensibilidades cuando sirves con amor. Hay una canción de Casting Crowns que en su traducción dice: "Que cuando hablas con verdad, no estás señalando con el dedo, estás dando la mano". Estás dando la mano a un futuro hermano en Cristo, para que reciba la bendición de pertenecer a la familia de nuestro Dios. Estás salvando una vida para el Reino. Estás sirviendo a Dios.

Dayanara

Meditad: Dios busca a través de ti almas para salvación.

Alabadle: "Muestra a Cristo" interpretada por Sovereign Grace Worship y la IBI (2014).

Escrito está:

Mateo 28:19 / Reina-Valera 1960 (RVR1960)
"Por tanto, id, y haced discípulos a todas las naciones, bautizándolos en el nombre del Padre, y del Hijo, y del Espíritu Santo."

Hechos 1:8 / Reina-Valera 1960 (RVR1960)
"…pero recibiréis poder, cuando haya venido sobre vosotros el Espíritu Santo, y me seréis testigos en Jerusalén, en toda Judea, en Samaria, y hasta lo último de la tierra."

Romanos 1:16 / Nueva Versión Internacional (NVI)
"A la verdad, no me avergüenzo del evangelio, pues es poder de Dios para la salvación de todos los que creen: de los judíos, primeramente, pero también de los gentiles."

Un don para otros

Éxodo 31:3 / Reina-Valera 1960 (RVR1960)
"...y lo he llenado del Espíritu de Dios, en sabiduría y en inteligencia, en ciencia y en todo arte."

Dios llena sus fieles del Espíritu Santo para darles dones espirituales que se manifiestan en lo físico para su gloria y propósitos.

Dios nos dota de dones y talentos para servirle. Hace unos años, desconocía cómo servir al Señor, cómo serle útil en la viña con mis talentos. Dios me guío al ministerio de pantomima "Jehová Jireh" y mientras fue obrando y transformando mi vida, me inquietó para hacer una pantomima. Yo desconocía cómo hacer eso; no era parte de mis talentos. En sueños y pensamientos me aparecían pasos de danza y pantomimas. Cuando me estancaba, Dios utilizó a personas para ayudarme.

Dayanara

Como decía en una predicación el pastor Steven Furtick (2017), "Dios no exige o demanda lo que no ha depositado en ti".

No era un talento descubierto, era un don. Dios puso talentos innatos en mí como el dibujo y la expresión escrita, pero me inspiró para sus propósitos con el don de alabarle por medio de mis manos.

Cuando mis compañeras y yo danzamos para Jehová Jireh, sentimos su agrado y presencia. Cuando monto una pantomima, Él por medio de su Espíritu dirige mis pasos. Esta es la obra del Señor en mi vida y en la de muchos que lo aceptan y lo buscan.

Pídale a Dios que te dirija a donde quiere que tú le sirvas, que utilice tus talentos para su gloria, que te conceda dones y destrezas espirituales para cumplir su voluntad en la vida de otros creyentes. Dios tiene propósitos en la vida de cada creyente para salvación de muchos. Todo honor y gloria sea para nuestro Dios.

Meditad: Dios te da para que des.

Alabadle: "Te alabaré, mi buen Jesús" interpretada por Danilo Montero,1997.

Escrito está:

Romanos 12:11 / Nueva Versión Internacional (NVI)
"Nunca dejen de ser diligentes; antes bien, sirvan al Señor con el fervor que da el Espíritu."

Pedro 4:10-11 / Reina-Valera 1960 (RVR1960)
"Cada uno según el don que ha recibido, minístrelo a los otros, como buenos administradores de la multiforme gracia de Dios.
Si alguno habla, hable conforme a las palabras de Dios; si alguno ministra, ministre conforme al poder que Dios da, para que en todo sea Dios glorificado por Jesucristo, a quien pertenecen la gloria y el imperio por los siglos de los siglos. Amén."

1 Corintios 12:4-6 / Nueva Versión Internacional (NVI)
"Ahora bien, hay diversos dones, pero un mismo Espíritu.
Hay diversas maneras de servir, pero un mismo Señor. Hay diversas funciones, pero es un mismo Dios el que hace todas las cosas en todos."

Se buscan obreros

Mateo 20:27-28 /
Nueva Versión Internacional (NVI)
"y el que quiera ser el primero deberá ser esclavo de los demás; así como el Hijo del hombre no vino para que le sirvan, sino para servir y para dar su vida en rescate por muchos."

En los tiempos que vivimos se suele diferir, argumentar, criticar y discutir. Uno de los temas favoritos de las personas para esto, es Dios.

Si se cree o no se cree.
Si existe o no existe.

Aun los mismos cristianos, queriendo ser abogados de Cristo, caen en la disensión, en la crítica y la discusión. La mejor manera de hablar de Cristo es con el lenguaje del amor. Pregúntate si Dios desea esa contienda. Dios quiere que le conozcamos, que imitemos el carácter de Cristo. Dios quiere que todos tengan la oportunidad de conocerle, aunque sabemos que no todos lo harán.

Afuera en la calle, hay mucha necesidad y desconocimiento de Dios. El tiempo se acorta, y necesitamos dar testimonio del Reino. Dios continúa preparando líderes, siervos que le sigan y utilicen sus dones para promulgar su Palabra.

Él está preparando personas que le crean, que se entreguen totalmente y le sigan en Espíritu y en Verdad. Que digan: "Heme aquí, envíame a mí". Dios quiere adoptar más de sus hijos. Aún faltan almas, pero la mies es mucha y los obreros pocos. Dios continua en la necesidad de obreros que le busquen, conozcan y sirvan, aplicando su Palabra. Lo que Dios nos da no es solo para nuestra bendición. Él nos pide que guardemos su Palabra en nuestro corazón, pero también que la apliquemos en servicio al Todopoderoso. Nos pide que demos frutos para bendición de otros.

En los tiempos de Jesús las personas — aun viendo de cerca sus milagros, obras, entrega y amor – dudaban, preguntándose si era realmente el Cristo. Nosotros que funcionamos por fe, no por vista, podemos ver la transformación que ha hecho en nuestras vidas y en las de otros. Nosotros somos testigos de su Presencia y podemos testificar de su Poder. Sabemos que el Dios que le servimos es real, que no es imaginario. Que el Dios que alabamos nos ama y esto no proviene de nuestra imaginación. Es tan real como el aire que respiramos. Él obra en nuestras vidas, nos habla, guía y guarda.

Entonces, ¿a qué tememos?
¿Quién no ha visto la bendición del Señor para con sus hijos?
¿Quién no ha visto su obrar en las vidas de los que han creído?
¿Es que sigues siendo el mismo?

Atrévete a dar testimonio, atrévete a hablar de Dios, da testimonio sin contienda, conócele y llénate de su amor. Yo estoy dando el primer paso. Sigamos dando pasos sólidos hasta que Él venga a buscarnos. Sumemos uno más para Cristo.

Meditad: Dios está en busca de obreros y almas de salvación.

Alabadle: "Uno más para Cristo" interpretada por Patty Cabrera de la producción *Dulce Milagro* (2016).

Escrito está:

1 Samuel 12:24 / Nueva Versión Internacional (NVI)
"Pero los exhorto a temer al Señor y a servirle fielmente y de todo corazón, recordando los grandes beneficios que él ha hecho en favor de ustedes."

Josué 1:8 / Reina-Valera 1960 (RVR1960)
"Nunca se apartará de tu boca este libro de la ley, sino que de día y de noche meditarás en él, para que guardes y hagas conforme a todo lo que en él está escrito; porque entonces harás prosperar tu camino, y todo te saldrá bien."

Juan 12:26 / Nueva Versión Internacional (NVI)
"Quien quiera servirme debe seguirme; y donde yo esté, allí también estará mi siervo. A quien me sirva, mi Padre lo honrará."

La Gloria es de Dios

Hageo 2:8 / Reina Valera (RVR1960)
"Mía es la plata, y mío es el oro, dice Jehová de los ejércitos."

Veía un concierto de Chris Tomlin y Kari Jobe y me preguntaba cómo se sentiría estar allí parado ante miles de personas. Ser reconocido y escuchado. Vinieron a mi mente las palabras fama y dinero. En un momento sacudí mi cabeza y eso me llevó a escuchar por quien clamaban esos miles de personas. No gritaban "Chris", ni "Kari", clamaban el nombre de Jesús. Era Jesús el mensaje, Él era el centro de todo. El gozo mostrado por los artistas mostrando su don era la unción del Espíritu. Salían contentos de que habían tenido una maravillosa noche en la presencia de Dios con la esperanza de que habían llevado el mensaje y otorgado el fruto de la salvación a las almas ahí reunidas. Después de allí, volvían a ser invisibles para otros, pero visibles siempre para quien importa serlo. Me dije: "¡Qué satisfacción más grande se debe sentir, ser mensajero del Salvador!"

No es vender millones de libros o canciones, ni llenar estadios lo que importa, es salvar almas para Cristo. Esto significa dar frutos en abundancia, regocijarse de la fiesta en el cielo cuando uno de nuestros hermanos abre sus ojos a la luz de los caminos de Dios.

Dios tiene un plan para cada una de nuestras vidas. Su plan no es hacernos ricos, ni famosos. La fama y la riqueza puede ser parte del plan como puede que no lo sea, pero no es la meta. Si Él es el Dios de todo el oro y la plata, Jesús es el ser humano más famoso de la historia de la Tierra. Jesús es nuestro modelo. Jesús fue tentado por Satanás con riquezas y dominios, fue tentado con su propia autoridad de ser Hijo de Dios. Él reprendió esas tentaciones; no eran necesarias para su plan perfecto de redención.

Jesús es el perfecto modelo de que en su pobreza fue ricamente bendecido. Él tenía lo que necesitaba. Su nombre fue convocado por miles por sus milagros en nombre de Dios y luego por millones por su victoria en la cruz para librarnos de nuestros pecados. En todo daba la gloria al Padre, en todo su Padre era mencionado. La meta era que el mensaje fuera recibido, la relación con Dios restaurada y las almas salvadas.

El dinero y la fama son medios para llevar el mensaje, no el fin. Tu don es perfeccionado para Su gloria. Jesús y su mensaje de salvación son la gran comisión, tu fruto son las almas que reciban este mensaje. Sigamos el ejemplo del Mesías. Reprende todo pensamiento de prosperidad malsana, prosperidad del mundo. Centremos nuestra vida en nuestra relación con Dios. Pidamos la sabiduría de lo alto para llevar su mensaje con rectitud de corazón. Pidamos que el centro de su mensaje sea Él y solamente Él, que no seamos tentados por la vanidad y el orgullo, desviando nuestra meta. Ofrezcamos nuestra vida para que seamos guiados por su Espíritu, confiados en que todo lo que necesitemos nos será provisto por el Rey de reyes y Señor de señores.

Seamos mensajeros de Dios, de su Palabra de amor, justicia y esperanza. Seamos instrumentos de Dios para que otros sean también mensajeros y rescatistas de almas para la gloria de Dios, para que su nombre sea escuchado y alabado por miles.

Meditad: Dios es sobre todas las cosas.

Alabadle: "La Gloria de Dios" interpretada por Ricardo Montaner junto a Eva Luna Montaner de la producción *La Gloria de Dios* (2013).

Escrito ésta:

Romanos 11:36 / La Biblia de las Américas (LBLA)
"Porque de Él, por Él y para Él son todas las cosas. A Él sea la gloria para siempre. Amén."

Apocalipsis 4:11 / La Biblia de las Américas (LBLA)
"Digno eres, Señor y Dios nuestro, de recibir la gloria y el honor y el poder, porque tú creaste todas las cosas, y por tu voluntad existen y fueron creadas."

Mateo 28:19 Reina-Valera 1960 (RVR1960)
"Por tanto, id, y haced discípulos a todas las naciones, bautizándolos en el nombre del Padre, y del Hijo, y del Espíritu Santo;"

Lágrimas de gozo

Lucas 15:10 / Reina-Valera 1960 (RVR1960)
"Así os digo que hay gozo delante de los ángeles de Dios por un pecador que se arrepiente."

Siendo testigo del bautismo de una pareja, mi alma se colmaba de emoción. Lágrimas de alegría brotaron de mis ojos y al mirar a mis hermanos alrededor, observaba la misma reacción en ellos.

El gozo del Espíritu embarga nuestras almas, porque mis hermanos y yo sabemos qué significa para Dios la experiencia del bautismo. Con nuestras lágrimas le damos la bienvenida a la gran familia de la fe de nuestro Padre Celestial a los hermanos que deciden seguir a Cristo en Espíritu y Verdad.

Los ángeles en el cielo adoran, alaban y se regocijan al recibir una nueva criatura en Cristo. El Padre mira con gozo al recibir a sus hijos. La Tierra canta, pues conoce cuando almas han reconocido a Jesús, el Cristo como su Salvador. El Espíritu se mueve a través de sus hijos, haciendo sentir su divina presencia. Hay fiesta en el cielo, es momento de celebración y alegría cuando llegan almas de salvación.

¡Qué gozo tan grande trae el regalo de salvación! Nuestra misión es seguir trayendo invitados a la gran fiesta de nuestro Padre Celestial, que más personas encuentren esa libertad que nos regala por gracia Jesús. Que más almas sean salvas y conozcan del reino. Jesús sigue preparando nuestros aposentos. Sigamos sumando habitantes a la casa celestial. Cada alma es una nueva razón para celebrar la cercanía de su reino y que Jesús ha entrado a un nuevo corazón. ¡Celebremos!

Meditad: Dios celebra la llegada de otro hijo a su familia.

Alabadle: "La Tierra Canta" interpretada por Barak de la producción *Radical* (2017).

Dayanara

Escrito está:

Gálatas 3:27 / Reina-Valera 1960 (RVR1960)
"...porque todos los que habéis sido bautizados en Cristo, de Cristo estáis revestidos."

Mateo 28:19-20 / Nueva Versión Internacional (NVI)
"Por tanto, vayan y hagan discípulos de todas las naciones, bautizándolos en el nombre del Padre y del Hijo y del Espíritu Santo, enseñándoles a obedecer todo lo que les he mandado a ustedes. Y les aseguro que estaré con ustedes siempre, hasta el fin del mundo."

Efesios 1:5 / Reina-Valera 1960 (RVR1960
"...en amor habiéndonos predestinado para ser adoptados hijos suyos por medio de Jesucristo, según el puro afecto de su voluntad."

Dilatación

Génesis 1:1-3 / Reina-Valera 1960 (RVR1960)
"Y dijo Dios: Sea la luz; y fue la luz."

Una dilatación te permite ver con tus ojos físicos toda la luz a tu alrededor, al punto que prefieres estar en sombras. Cuando me hacían ese procedimiento, pensé en sí, *Así sería ver a Dios en la tierra*. Pues, así lo vieron sus discípulos Pedro, Juan y Jacobo en la transfiguración en el monte. Tal resplandor que sus ojos físicos eran puestos en sombra por sus manos y sus ojos espirituales los llevaban a postrarse de rodillas frente al reconocimiento de su majestuosidad.

En la Biblia hablan de la luz. Desde un principio, Dios vio que era buena. Dios es luz que aleja las tinieblas. Jesús es la luz del mundo y nadie viene al Padre si no es por Él. Jesús es luz que entra a nuestros corazones cada vez que oramos y nos arrepentimos de nuestras faltas. El Espíritu Santo que vive en nosotros navega como en un principio sobre las tinieblas que pueda haber en nuestro ser e ilumina con mayor brillo la luz de nuestro corazón.

Nosotros ahora somos luz en el mundo. Como la luna no brillamos con nuestro propio resplandor, sino con la luz de nuestro Sol, Jesús, cuando lo hacemos el centro de nuestras vidas. Velamos que nuestra lámpara permanezca encendida, alejándonos de las tinieblas de este mundo y cumpliendo con la misión de compartir nuestra luz con otros.

Mantengamos nuestra luz encendida; que Cristo viva y sea el centro de nuestras vidas. Compartamos nuestra luz con cada sonrisa, abramos espacios para que la luz de Jesús ilumine a otros con nuestra voz en el día de hoy, porque pronto será la hora que nuestros ojos podrán ver sin rastro de tiniebla el resplandor de la luz de nuestro Dios, y ese día en gran manera será bueno.

Meditad: Dios es luz y vive en mí.

Alabadle: "Enciende una luz" interpretada por Marcos Witt de la producción *Colección de Adoración – Música para el Alma, Vol. 1* (2014).

Escrito está:

Juan 8:12 / Reina-Valera 1960 (RVR1960)
"Otra vez Jesús les habló, diciendo: Yo soy la luz del mundo; el que me sigue, no andará en tinieblas, sino que tendrá la luz de la vida."

Mateo 5:16 / Nueva Versión Internacional (NVI)
"Hagan brillar su luz delante de todos, para que ellos puedan ver las buenas obras de ustedes y alaben al Padre que está en el cielo."

Salmos 76:4 / Nueva Versión Internacional (NVI)
"Estás rodeado de esplendor; eres más imponente que las montañas eternas."

Dador de dádivas y dones

Santiago 1:17 / (LBLA)
"Toda buena dádiva y todo don perfecto viene de lo alto, desciende del Padre de las luces, con el cual no hay cambio ni sombra de variación."

¡Qué hermoso es poder asegurar que Dios está entre nosotros! Cada obra inspiradora de sus manos es nuestro deleite. Siempre presente. ¡Cuán grande es poder sentir su Presencia en nuestro diario vivir! Que nuestro corazón arda al oír su voz y que nuestra alma rebose de gozo con el toque de sus manos.

Cuán grande es poder decir hoy, "Dios se hizo presente en mi ser". ¿Cuántas anécdotas podríamos contar, sus hijos? Yo, como escritora, lo encuentro en mi mente, dándome inspiración y aliento para escribir de Él. No existe bloqueo del escritor cuando escribimos de nuestro Padre. Su silencio es trabajo, experiencia vivida y orden para escribir joyas de su invención con la tinta de su santa mano. No hay límite de temas para hablar de nuestro Dios; toda inspiración y sobre todo tema hay escrito en su Palabra.

El dador de talentos quiere que demos fruto, que multipliquemos diez veces más lo que por gracia nos dio. No hay musa griega que pueda superar su inspiración divina. Él da los pasos y presencia de Espíritu al danzar. Sus manos y pies se mueven al toque de su presencia para adorarle a la perfección. Él afina y entona las voces de los cantantes que dan loores de exaltación a su Nombre. No hay armonía más apacible, ni emoción comparable a la de los músicos del Señor. Da pasión a los actores que muestran con su obra, sus obras. Interpretar es más fácil cuando en sus mentes se posa. Escultores y pintores ven su maestría en las manos del Maestro. ¿Quién mejor que el Alfarero, el dócil Carpintero y El Creador que dio color a toda la naturaleza con amor?

Inspira a los líderes, les da dirección y guía. Palabras de aliento y acompañamiento salen por la boca de los pastores y hermanos que le sirven en visitación y a los más pequeños ponen en

Dayanara

oración. Da agilidad a los deportistas, y crea atletas perfectos. Da sabiduría a los eruditos, sanadores y arquitectos. Todo bajo su Nombre es posible. Cada talento y don espiritual debe ser puesto a su servicio. Es nuestra gran comisión y encomienda dar y multiplicar lo que el Señor nos ha dado. No brota nada de nuestro ser sin que Él no lo permita y dé. Nos dio talentos porque le plació y dones porque en Él pusimos nuestra confianza. Sin Él nada somos. No es nuestro esfuerzo. Humildes, adoremos y sirvamos al Dador de los talentos.

Meditad: Dios es nuestra mayor inspiración.

Alabadle: "Creo en ti" interpretada por Julio Melgar de la producción *Creo en ti* (2013).

Escrito está:

Éxodo 31:3 / Reina Valera 1960 (RVR 1960)
..." y lo he llenado del Espíritu de Dios, en Sabiduría y en inteligencia, en ciencia y en todo arte."

Mateo 25:14-30 / Reina-Valera 1960 (RVR1960)
"Porque el reino de los cielos es como un hombre que, yéndose lejos, llamó a sus siervos y les entregó sus bienes. A uno dio cinco talentos, y a

otro dos, y a otro uno, a cada uno conforme a su capacidad; y luego se fue lejos.

Y el que había recibido cinco talentos fue y negoció con ellos, y ganó otros cinco talentos.

Asimismo, el que había recibido dos, ganó también otros dos.

Pero el que había recibido uno fue y cavó en la tierra, y escondió el dinero de su señor.

Después de mucho tiempo vino el señor de aquellos siervos, y arregló cuentas con ellos.

Y llegando el que había recibido cinco talentos, trajo otros cinco talentos, diciendo: Señor, cinco talentos me entregaste; aquí tienes, he ganado otros cinco talentos sobre ellos.

Y su señor le dijo: Bien, buen siervo y fiel; sobre poco has sido fiel, sobre mucho te pondré; entra en el gozo de tu señor.

Llegando también el que había recibido dos talentos, dijo: Señor, dos talentos me entregaste; aquí tienes, he ganado otros dos talentos sobre ellos.

Su señor le dijo: Bien, buen siervo y fiel; sobre Poco has sido fiel, sobre mucho te pondré; entra en el gozo de tu señor. Pero llegando también el que había recibido un talento, dijo: Señor, te conocía que eres hombre duro, que siegas donde no sembraste y recoges donde no esparciste; por lo cual tuve miedo, y fui y escondí tu talento en la tierra, aquí tienes lo que es tuyo.

Respondiendo su señor, le dijo: Siervo malo y negligente, sabías que siego donde no sembré, y que recojo donde no esparcí.
Por tanto, debías haber dado mi dinero a los banqueros, y al venir yo, hubiera recibido lo que es mío con los intereses.
Quitadle, pues, el talento, y dadlo al que tiene diez talentos.
Porque al que tiene, le será dado, y tendrá más; y al que no tiene, aun lo que tiene le será quitado. Y al siervo inútil echadle en las tinieblas de afuera; allí será el lloro y el crujir de dientes."

Agradecimientos

Agradezco a Dios sobre todas las cosas por darme la oportunidad de servirle, de capacitarme para poder escribir sobre Él y de inspirarme para cumplir con su propósito. Con Él todo y sin Él nada.

A mi esposo, Juan L. Rosado, por ser una constante en mi vida, por siempre recordarme de mi llamado cuando por temor me salía del camino. Fuiste el primero que leyó este libro. Sin tu apoyo y constancia no hubiese sido posible. Gracias, mi amor, por siempre creer en mí. Dios me bendijo con este hombre de Dios. Agradezco a mis hijos, Dayra N. Rosado, Jean L. Rosado y Luis C. Rosado por su comprensión, apoyo y ayuda cuando mami se encerraba a trabajar en su cuarto. Gracias por hacerme sentir, aun así, la mejor mamá del mundo.

Dayanara

Agradezco a mis padres, Julio A. Torres y Carmen D. Ginorio, por sembrar en mí la semilla del conocimiento del Señor e impulsarme a seguir sus propósitos en mi vida. Gracias por sus oraciones cuando sentía desfallecer, y por su inagotable fe.

A la Primera Iglesia Bautista de Juncos y la Iglesia Cristiana (Discípulos de Cristo) de Condado Moderno por regar esa semilla de amor en mi ser. Al pastor Félix Negrón por enseñarme lo que es tener una relación con Dios y lo que es dar el segundo paso. Sin sus enseñanzas este libro no fuera posible.

A mi hermana, Joelie Rivera, por compartir y apoyar mi pasión por escribir, leer y comentar sobre mis escritos. A mi hermano y amigo Juan Carlos Torres, por sembrar en mí el deseo de lograr mis metas y sueños. Siempre los tengo presentes en mi mente y corazón.

A mis hermanas en la fe: Elizabelle Molina, por sus consejos y espiritualidad. Tienes un alma transparente y hermosa. Tamara Rivera, por darme esa confianza y aliento cuando más lo necesitaba. Dios puso en ti las palabras perfectas en el momento perfecto; gracias por ser su instrumento y dejarte usar por él. Marisabel Narváez por animarme en el largo proceso. Tus positivismos y sentido de humor me motivan a perseverar en todo lo que Dios ponga en mis manos. Irradias alegría y un gozo pegajoso. Gracias a todas por ser aliciente, en todo este sueño y proceso.

Por último, Ana Iris Díaz, mi cuñada y maquillista, y a Gabriela Reyes por ambas ser parte del sueño y prepararme para la sesión fotográfica. Gracias a Christian Bravo Photography por su amabilidad, profesionalismo y trabajo en la fotografía de la contraportada. A Michelle Gil, representante de Xulon Press y a mi equipo de trabajo de Xulon Press por darle alas a mi sueño.

REFERENCIAS

Amancio, Nancy. *Tu Propósito*. En *Impactando las Naciones*. Stem Disintermedia Inc. (on behalf of Mar Music), 2007.

Amancio, Nancy. *Tu voz*. En *Estableciendo el Reino*. Mar Music, 2009.

Baloche, Paul. *Open the Eyes of my Heart. Abre mis ojos (*Adaptado al español e interpretado por Danilo Montero*)*. En *Muéstrame tu Gloria*. Aliento, Inc., 2006.

Baltzel, Isaiah. *I want to be a worker. Anhelo trabajar por el Señor* (Adaptado al español por Pedro Grado). En *Himnos de la vida cristiana*. Christian Publications, Inc., 1967.

Barnett, Marie. *Air I Breath. Eres mi respirar (*Adaptado al español e interpretado por Blest*)*. *En Salmos, Himnos y Canciones*. Music Services, INC. B Music Records. 2007.

Barret, Patt y Anthony Brown. *Good Father. Buen Padre* (Adaptado al español e interpretado por Passion junto a Pat Barret). En *Glorioso Día*. Six Steps (SIX), 2017.

Barrientos, Marcos. *Levántate y Resplandece.* En *Levántate y Resplandece.* Aliento Music Group, 2006.

Barrientos, Marcos. *Iluminame*. En *Intimo*. Aliento, Inc.,2011.

Barrientos, Marcos. *Nada es Imposible.* En *Ilumina.* Aliento, Inc., 2012.

Bashta, Daniel. *Pursuit. Seguirte*. (Adaptado al español por Christine D'Clario, Lucia Parker y Robert Quintana e interpretado por Christine D'Clario). En *Mas Profundo*. Integrity Music, Inc., 2013.

Begg, Alistair (2017) Climbing the Mountain. Devotional Material taken from "Morning and Evening by C.H. Spurgeon. Revised and updated by Alistair Begg.

Berrios, Alejandra y Israel Risco. *Otra Oportunidad. Sencillo.* TWICE Música, 2015.

Berrios, Danny. *Dios cuida de mí.* En *Dios cuida de mí*. Presencia Music, 2000.

Berrios, Danny. *El Himno de Victoria*. En *Dios cuida de mí*. Presencia Music, 2000.

Berríos, Danny. *Juntos Venceremos*. En *Lo Mejor de Danny Berríos Vol. 1*. Presencia Music, 2014.

Blest. *Brilla* En *Blest en Vivo*. B Music Records,2009.

Broocks,Rice.(2016). Hombre Mito Mesías: La respuesta a la pregunta más grande de la historia (Spanish Edition). Publicadora Casa Creación.

Brown, Chris, Mack Brock, Mathew Ntlele, Steven Furtick y Wade Joye. *El que resucitó*. En *Él lo hará otra vez*. Elevation Church, (2017).

Brunet, Marcos y Lucas Conslie. *Digno*. En *Amanecer*. Aliento Music Group con el permiso de ZOE Producciones, 2014.

Cabrera, Patty. *Uno más para Cristo. En Dulce Milagro*. Evangelio Musical, 2016.

Calvetti, Daniel. *Mi refugio*. En *Mi refugio*. Gracia Producciones, 2012.

Campos, Alex. *Pinta el mundo*. En *Como un niño*. CanZion Group, 2005.

Campos, Alex. *No tiene prisa*. En *Regreso a ti*. Canzión Group LP, 2012.

Chávez, Israel. *Redimido soy*. En *La Cruz*. Camino de Vida, 2016.

Craft, Evan. *Desesperado*. En *Desesperado*. Capitol CMG, 2021.

Conslie, Lucas y Marcos Brunet. *Al que está sentado en el trono*. En *Uniendo cielo y tierra*. Toma tu lugar, 2011.

Davenport, Chris y Joel Houston. *From Grace to Grace. De Gracia en Gracia (*Adaptado al español e interpretado por Majo Solis*)* . En *El eco de tu voz*. Heaven Music, 2017

Daza, Gilberto. *A los brazos de Papá*. En *A los brazos de Papá*. Su Presencia Music, 2013.

Daza, Gilberto. *Aliento de Vida*. En *A los brazos de Papá*. Su Presencia, 2013.

Daza, Gilberto. *No duerme el que me cuida*. En *A los brazos de Papá*. Su Presencia Music, 2013.

Declario Patroni, Christine, Amber N. Brooks, Jessi Moss, Andy Squyres y Walley Micah

Brewer. *Like You Promised. Como dijiste* (Adaptado al español e interpretado por Christine D'Clario). En *de vuelta al jardín*. Grace House Music, 2012.

Dobson, James Dr. (2011). Cuando lo que Dios hace no tiene sentido (Spanish Edition). Unilit Publisher.

Eagan, Jon, Kari Jobe and Jason Ingram. *On the Throne. En el trono está* (Adaptado al español e interpretado por Christine D'Clario y Lucy Parker). En *Eterno Live.* Seventh Sense Music, Inc./ Integrity Music, 2015.

Ebert, Richy y Pérez, Michel. *Al Final*. En *Sin Miedo a Nada*. Promesas Producciones, 2008.

En Espíritu y en Verdad. *Torre Fuerte*. En *Luz y Salvación*. En espíritu y en verdad, 2008.

En Espíritu y en Verdad. *Perla de gran precio*. En *Incontenible es tu amor*. Heaven Networks,2012.

Espinosa, Emmanuel Isaac y Juan Salinas. *En los montes, en los valles.* En *Dios es bueno.* Canzion Group LP, 2005.

Freire, Anderson. Ressuscita-Me. En *Extraordinário Amor de Deus*. MK Music,2011.

Frilop, Angelo. *Dios háblame*. En *Generación Sedienta*. Mar de Cristal Music, 2014.

Frilop, Angelo, Robert Green y Janiel Ponciano. *La Tierra Canta*. En *Generación Radical*. Mar de Cristal, 2016.

Frilop, Angelo. A *Danzar*. En *Generación Radical*. Ministerio Barak, Mar de Cristal, 2016.

Frilop, Angelo. *Libre soy*. En Generación *Radical*. Ministerio Barak, Mar de Cristal, 2016.

Furtick, Steven. (2016). Don't stop in 6. (Hillsong Conference). www.youtube.com/watch?v=AtHIS-frWos

Furtick, Steven. (2016). Just Call Me Jacob. Death to Selfie Series. www.youtube.com/watch?v=vJOadPV837M

Furtick, Steven. (2017). God Doesn't Demand What He Doesn't Deposit. https://www.youtube.com/watch?v=GpaTx4smQt8

Galetto, Ángel Roberto y Jorge Oscar Sosa. *El sonido del silencio*. En *Acústico, El sonido del silencio*. Canzión Group LP, 2006.

Gándara, Marcela. *Tu Palabra*. En *Más que un anhelo*. Vástago Producciones,2006.

Gándara, Marcela. (2017). *Cerca Estás*. En *Cerca Estás*, Lv&M, 2017.

Generación 12 y Redimi2. *Tu amor no tiene fin*. En *Seamos Luz*. Generación 12 Music.2016.

González, René. *No te rindas*. En *No te rindas*. The Orchard Music (REDA Music),1989.

González, Willy. *El nombre de Jesús.* En *Operación Mundial,* Redimi2 Records, Inc., 2014.

González, Willy. *Nunca me avergonzare.* En *Operación Mundial.* Redimi2 Records inc., 2014.

Grant, Natalie. *Clean. Limpio Soy (*Adaptado al español e interpretado por Blest*).* En *Grandes* Éxitos. BMR, 2016.

Gretzinger, Steffany y Amanda Cook. *Out of Hiding. Yo soy tu hogar* (Adaptado al español e interpretado por Majo Solis). En *The Undoing.* Bethel Music Publishing, 2014.

Guidini, Yashira. *Él lo hará otra vez*. En *Pronto Auxilio* (En Vivo). Yashira Guidini Ministries,2016

Hernández, Samuel. *Dios siempre tiene el control*. En *Dios siempre tiene el control*. SH Productions,1999.

Hernández, Samuel. *Nada te turbe.* En *Faltan 5 para las 12, llego Jesús.* SH Productions,2003.

Hernández, Samuel. *Jesús siempre llega a tiempo*. En *Jesús siempre llega a tiempo*. SH Productions, 2004.

Houghton, Israel y Massey, Micah. *Tu Presencia es el Cielo*. En *Jesús en el Centro*. Integrity Music / RGM New Breed, 2013.

Houghton, Israel. *Jesús es el Centro*. En *Jesús en el Centro.* Integrity Music/ RGM New Breed, 2013.

Houston, Joel y Matt Crocker. *Relentless. Tu amor no se rinde* (Adaptado al español, interpretado por Evan Craft). En *Sesión Orgánica: Parte 1*. Essancy Music Group, 2014.

Houston, Joel. *Even when it hurts. Aún en medio del dolor (*Adaptado al español e interpretado por Twice*).* En *Empires.* Hillsong Music Publishing, 2015.

Jobe, Kari, Brian Johnson y Cody Carnes. *Anchor. Anclado* (Adaptado al español e interpretado por Twice junto a Majo Solís). En *You Make Me Brave: Live at the Civic*. Bethel Music, 2014.

Johnson y Christa Joy Black. *Forever. Por siempre* (Adaptado al español e interpretado por Evan Craft). En *Sesión Orgánica: Parte 1*, Evan Craft Music, 2015.

Johnson, Brian, Jonathan David Helser y Joel Case. *No Longer Slaves. Ya no soy un esclavo* (Adaptado al español e interpretado por Christine D'Clario). *Sencillo*. Aliento Music Group, 2017.

Keller, Timothy. (2012). Counterfeit Gods. www.youtube.com/watch?v=_mK65lpveSM

Lewis, C.L. (1950). God in the dock. What are we to make of Jesus? William B. Eerdmans Publishing Company.

López, Danny y René González. *El Poder de tu Palabra*. En *Colección Acústica de Meditación*. Music Stage Records, 2014.

López, Nimsy. *Quita todo de mí*. En *Proceso*. Eliaquim Distribution, 2014.

Manavello, Paolo y Ricardo Montaner. *La Gloria de Dios. Viajero Frecuente (Bonus Track Edition)*. Sony Music Latin, 2012.

Manuel y Toñi. *Nada es difícil para Dios*. En *Enciende el fuego*. Dejan2huella Producciones, 2000.

McMillian, John M. *How He loves us. Él nos ama* (Adaptado al español e interpretado por Christine D'Clario). En *De vuelta al jardín*. Grace House Music, 2012.

Melgar, Julio. *Creo en ti. Creo en ti*. Conexiones Records, 2013.

Melgar, Julio. *Tus cuerdas de amor. Sencillo*. Adarga Entertaiment Group, 2019.

Menkarki, Claudia A. y Ricardo Montaner. *Su Luz*. En *Agradecido*. Sony Music Latin, 2014.

Meñique, Miguel. *Al final*. En *Sin miedo a nada*. Promesas Producciones, 2008.

Meyer, Joyce. (2011). Joyce's Bootcamp-Get your Faith in Shape, Season 1. Back to Basics. www.bootcamp.joycemeyer.org/Bootcamp/IntroSeason1.aspx

Meyer, Joyce. (2013). Dios no está enojado contigo: Experimenta el verdadero amor, la aceptación y una vida libre de culpabilidad. Faithwords Publisher.

Meyer, Joyce. (2013). The Shield of Faith, Part 1. Joyce's Bootcamp: Faith. Week 3. www.youtube.com/watch?v=BEtcy-FOTf8

Miel San Marcos, *Tu Habitación*, En *Tu Habitación*. Unción Producciones, 2016.

Miller, Thomas y Mary Beth Thomas. *O the Blood. O la Sangre* (Adaptado al español, interpretado por Lilly Goodman). En *Gateway Worship*. Gateway Create Publishing, 2014.

Montalbán, Alejandro y Eduardo R. Reyes. *Si hubiera estado allí*. En *Ayer te vi… Fue más claro que la luna.* Vástago Producciones. 2007.

Montero, Daniel. *Te alabaré mi buen Jesús. En Admirable.* Canzion Group LP,1997.

Montero, Danilo. *La casa de Dios*. En *Cantaré de tu amor*, Canzion Group LP, 2001.

Montero, Danilo. *Correré*. En *Correré*. Integrity Music, 2012.

Montero, Danilo y Roberto Thalles. *Dios me ama.* En *Dios me ama*. Capitol Christian Music Group,2015.

Morales, Josh. *Yo venceré*. En *Dios es real*. Unción Producciones, 2011.

Morales, Josh. *Dios está aquí*. En *Como en el Cielo*. Unción Producciones,2015.

Morgan Reuben y Ben Fielding. *Thank You. Gracias (*Adaptado al español, interpretado por Alex Campos*)*. En *Hillsong Global Project*. Hillsong Music Australia, 2012.

Muñoz, Bani. *Vuelve otra vez*. En *Vuelve otra vez* (*En Vivo*). BM Records, 2016.

Morgan, Reuben. *Still. Quieto estaré*. (Adaptado al español, interpretado por Juan Muñoz de Su Presencia). En *Hope*. Hillsong Music Australia,2003.

Parker, Lucia. *Dios está aquí*. En *Rey de mi Universo*. Bridge Music, LLC, 2014.

Plank, Doug y Bob Kauflin. *Show us Christ. Muestra a Cristo* (Adaptado al español, interpretado por la IBI). En *El Dios que Adoramos*. Sovereign Grace Music,2011.

Pillot Ortiz, Victor. (viernes,2 de septiembre de 2016). Culson cargo con el subcampeonato en la Liga Diamante. Periódico El Nuevo Dia.

Putnam, B.J. *Glorioso*. En *Más y más* (En Vivo). DLD Music, 2014.

Quilles, Lorell. *Tuyos Somos*. En *Nuestra Fe*. CONMIVOZ Records, 2015.

Ramos, Jacobo. *Si acaso se me olvida*. En *Dile al corazón que camine*. Integrity Music, 2011.

Rodríguez, Juan Carlos. *Demente*. En *Lo que el viento me enseño*. Fe y Obra Music, 2012.

Rodríguez, Juan Carlos. *Por ti peleó Yo*. Sencillo. Fe y Obra Music, 2016.

Romero, Jesús Adrián. *Con Dios*. En *De Hombre a Hombre, Unidos por la Paz (En Vivo)*. Vástago Producciones, 1996.

Romero, Jesús Adrián. *Tal como soy*. En *Unplugged*. Vástago Producciones, 2014.

Romero, Sheila. *Completo en ti*. En, En *En tus manos*. A&H Records, 2009.

Romero, Sheila. *Tus manos*. En *En tus manos*. A&H Records, 2009.

Santiago, Luis. *Yo soy*. En *Yo soy*. King Music, 2001.

Sensini, Emir. *En lo secreto*. En *Deseo tu gloria, alabanza y adoración*. Reyvol Records, 2015.

Serrano, Héctor y René González. *Tu Palabra.* En Tu Palabra. Héctor Serrano, 2015.

Solís, Majo y Danilo Ruíz. *Te deseo.* En *Majo y Dan.* Heaven Music, 2018.

Squyres, Andy. *Glory in the highest. Gloria en lo Alto* (Adaptado al español e interpretado por Christine D'Clario) En *De Vuelta al Jardín.* Integrity Music, 2011.

Strobel, Leo. (2000). El Caso de Cristo: Una investigación personal de un periodista de la evidencia de Jesús. (Spanish Edition). Publicadora Vida.

Sweat, Linda, Ben Williams y Jonathan Berlín. *Rooftops. Tuyo Soy (*Adaptado al español e interpretado por Jesus Culture*).* En *Esto es Jesus Culture.* Jesus Culture Music/Capitol CMG Genesis (ASCAP), 2015.

Thalles, Roberto. *Yo elijo a Dios.* En *Dios me ama.* Capitol Christian Music Group, 2015.

Toledo, Lourdes y René González. *El Abre Puertas.* En *El Abre Puertas.* Viñedo Group, 2017.

Tomlin, Chris, Christopher Dwayne Tomlin, Ed Cash and Jesse Reeves. *How Great is*

*Our God. Cuan Grande es Dios (*Adaptado al español, interpretado por En Espíritu y Verdad*).* En *Glorioso Rey.* Capitol Christian Music Group, 2007.

Towart, Bryan y Katie Towart. *I'm a lover of your Presence. Soy amante de tu Presencia* (Adaptado al español, interpretado por Ingrid Rosado*).* En *Pasión.* Integrity Music, 2013.

Twice. *Tu Palabra.* En *Sesión Orgánica, Vol.4.* Independiente, 2017.

Valdez, Isabelle. *Fuerte soy en ti.* En *El Tiempo Llegó.* Fe y Obra Music, 2011.

Vélez, Alexis. *El perdón.* En *Mañana es hoy.* AZ Music, 2012.

Vélez, Alexis. *Una Nueva Canción.* En *¿Quién Contra Nosotros?* Heaven Networks, 2017.

Victorín, Israel. *Semillas de Amor.* En *Semillas de Amor.* Zarza, 2015.

Vidal, Marcos. *Buscadme y Viviréis.* En *Buscadme y Viviréis.* Nuva Music, Inc., 1990.

Weaver, Michael y Benji Cowart. *Redeemed. Soy Redimido.* (Adaptado al español e interpretado por el Coro Gospel

Metropolitano). En *Love Come to Life*. Fervent Records/Words, 2012.

Witt, Marcos. *Tu amor por mí*. En Tú y Yo. Canzión Group LP, 1991.

Witt, Marcos. *Alabemos*. Sencillo. CanZion Group. 2014.

Witt, Marcos. *Enciende una luz. Colección de Adoración Música para Alma, Vol. 1*. God Music, 2014.

Witt, Marcos. *Mayor es El. Sigues siendo Dios*. Canzion Group LP, 2014.

Yaroide, Marcos. *Mi trabajo es creer*. En *Del Cielo a la Tierra*. Fe y Obra Music, 2010.

Yaroide, Marcos. *Llegará tu Milagro*. Sencillo. Belife Music, 2017.

Zamorano, Jorge y Enrique Pavón. *Perfecto*. En *Ganas de Vivir*. Heaven Networks, 2017.

Zschech, Darlene, Reuben Morgan y Hillsong Team. *En la cruz*. En *Con todo*. Hillsong (HIL), 2010.

Printed in the USA
CPSIA information can be obtained
at www.ICGtesting.com
CBHW020226171124
17514CB00003B/9